2024年
工程建设企业和项目质量管理情况调研报告

中国施工企业管理协会　主编

中国建筑工业出版社

图书在版编目（CIP）数据

2024年工程建设企业和项目质量管理情况调研报告 / 中国施工企业管理协会主编. -- 北京：中国建筑工业出版社，2025.3. -- ISBN 978-7-112-30918-4

Ⅰ．F426.9

中国国家版本馆 CIP 数据核字第 2025S2V775 号

本书分为两篇。第一篇为工程建设企业和项目质量管理调研报告，从行业、企业和项目三个层次对行业质量管理情况进行分析，共分四章，第一章为近年来行业质量相关法律法规及政策，第二章为企业质量管理，第三章为项目质量管理，第四章为结论和建议；第二篇为工程建设企业和项目质量管理典型案例，对六个具体案例进行介绍。

责任编辑：高　悦
责任校对：赵　力

2024年工程建设企业和项目质量管理情况调研报告
中国施工企业管理协会　主编

*

中国建筑工业出版社出版、发行（北京海淀三里河路9号）
各地新华书店、建筑书店经销
北京光大印艺文化发展有限公司制版
北京云浩印刷有限责任公司印刷

*

开本：787毫米×1092毫米　1/16　印张：13¾　字数：260千字
2025年3月第一版　　2025年3月第一次印刷
定价：**58.00**元
ISBN 978-7-112-30918-4
（44658）

版权所有　翻印必究
如有内容及印装质量问题，请与本社读者服务中心联系
电话：（010）58337283　QQ：2885381756
（地址：北京海淀三里河路9号中国建筑工业出版社604室　邮政编码：100037）

编 委 会

主　　编：尚润涛
副 主 编：王　锋　张国义

编写组

执行主编：张宇翔
编写人员：张晓强　于　帅　单彩杰　阮　洁　李建辉
　　　　　　袁小林　戚大勇　魏　鹏　邓　展
　　　　　　以下人员以姓氏笔画为序
　　　　　　王　燕　王一霏　朱如俊　刘启亮　孙　竹
　　　　　　李　彬　李长勇　李建新　何　流　张光松
　　　　　　周巧婵　周世康　钱增志　程振东　潘立文
　　　　　　魏玉吉

主编单位：中国施工企业管理协会
参编单位：中交一公局集团有限公司
　　　　　　中铁建设集团有限公司
　　　　　　武汉市汉阳市政建设集团有限公司
　　　　　　中交第一航务工程局有限公司
　　　　　　中交第二航务工程局有限公司
　　　　　　福建福清核电有限公司

主编单位简介

中国施工企业管理协会（简称"中施企协"，英文缩写CACEM）成立于1984年2月，是由工程建设企事业单位、社会组织和有关专业人士自愿结成的全国性、行业性社会团体。业务主管单位为中华人民共和国住房和城乡建设部。

协会现有会员企业4055家，涉及工程项目投资、建设、设计、施工、监理、运营及工程设备制造等单位，分布在除台湾省以外的33个省、自治区、直辖市和特别行政区，覆盖冶金、有色、煤炭、石油、石化、化工、电力、核工业、军工、民航、林业、建材、铁路、公路、水运、水利、通信、市政和房屋建筑等行业（专业）。

协会定位是反映施工企业诉求、改善其发展环境的代言人，促进施工企业科技进步与创新的平台，提升工程施工安全质量的助推器，政府制定工程建设行业发展规划和政策法规的参谋助手，谋划工程建设行业发展战略的智库，培养和造就优秀施工企业家的摇篮。

协会宗旨是提供服务、反映诉求、规范行为、促进行业发展。坚持中国特色社会主义理论体系，秉承"服务为本、市场导向、改革创新、合作共赢"的理念，维护国家利益和企业合法权益，开展行业发展问题研究，加强行业自律，发挥桥梁纽带作用，促进交流合作，为国家、社会、行业和会员服务，引领工程建设行业持续健康发展。

协会倡议，广大工程建设企业自强自立，为中华民族的伟大复兴努力奋斗。

协会被民政部评为5A级协会，授予"全国先进社会组织"称号。协会党支部被评"国家发展改革委直属机关党委先进基层党组织"。协会党建工作荣获"中央国家机关社会组织党建工作优秀案例"称号。

前言

为深入贯彻落实质量强国战略，引导工程建设企业提升质量意识，完善质量管理体系，提高实体工程质量水平，推动行业高质量发展，我会从2020年开始，每两年一次，以"工程建设企业和项目质量管理"为课题，开展调查研究工作，形成《工程建设企业和项目质量管理情况调研报告》对外发布。

本次调研工作于2024年5月启动，历经方案研讨、问卷征集、数据清洗、统计分析、报告起草、专家审核，最终于12月定稿，形成《2024年工程建设企业和项目质量管理情况调研报告》。

全书分为两篇，第一篇是工程建设企业和项目质量管理调研报告，第二篇是工程建设企业和项目质量管理典型案例。

调研报告起草遵循质量管理体系建设（质量管理核心设置、质量管理部门和岗位设置、质量管理流程、质量管理制度等）、质量目标设定、质量策划、质量要素管理和资源投入、过程质量控制、质量管理成果的逻辑顺序。报告包括行业质量相关法律法规及政策、企业质量管理、项目质量管理、结论和建议四个章节。分别从企业性质、资质、地区等多个角度分析质量管理相关数据，总结规律和特点，提出意见和建议。报告对施工企业科学决策和工程项目科学管理，具有较强的数据参考价值，有助于工程建设企业进一步做好质量工作，实现高质量发展。

典型案例部分是三家企业和三个项目的质量管理模式总结。企业类型既有中央企业，又有地方国企；项目类型包括隧道、特大桥、核电。案例企业从质量管理理念、战略、文化、质量管理体系建立、标准化管理、信息化建设、创优管理、质量管理成果等角度分享了自身实践经验。案例项目围绕全生命周期管理，从设计特点、建造难点、技术创新、质量管理创新、质量管理体系及流程、绿色发展、社会效益等方面详细阐述。这些企业和项目的质量管理模式各具特色，是他们综合企业性质、资源禀赋、经营特点、竞争优势等不同条件，作出的最有利于企业发展的实践经验总结，相信一定会让读者有所收获。

在此，简要说明一下数据来源及构成。调研共收集到企业问卷202个，项目问卷737个，包含个别国外投资公司和建设项目。考虑到企业属性平衡、地区分布、项目类型、造价等因素，经过数据清洗，最终选择181家企业和322个项目（隶属于209家企业）进行数据分析。

从调研样本组成来看，企业部分：85.09%的企业调研数据来自中央企业和地方国企；39.78%的企业调研数据来自特级资质企业。项目部分：92.24%的项目调研数据来自中央企业和地方国企；63.66%的项目调研数据来自特级资质企业；62.73%的项目质量目标为省（部）级及以上优质工程奖。由此可以看出，调研收集的企业和项目数据代表的应是行业中等偏上水平。（注：所有数据均按四舍五入原则选取，可能出现总和不为100%的情况。）

借此机会，对多年来一直关心、支持和帮助中国施工企业管理协会工作的企业和有关组织，以及广大质量工作者表示衷心的感谢！对积极参与质量调研工作、提供质量管理案例的企业和项目、有关专家表示衷心的感谢！

我们愿携手广大工程建设企业一起，持续深入开展质量调研，总结行业质量管理和实践经验，形成具体成果，向政府有关部门建言献策，指导工程建设企业生产实践，为推动行业高质量发展、助力"质量强国"建设作出新的贡献。

中国施工企业管理协会
2024年12月

目录

I 第一篇
工程建设企业和项目质量管理调研报告

003 | **第一章 近年来行业质量相关法律法规及政策**
003 | 第一节 国家法律法规和政策为行业高质量发展提供了良好环境
004 | 第二节 工程建设领域质量管理政策推动行业质量水平持续提升
005 | 第三节 GB 55系列强制性标准明确了工程质量的底线红线

008 | **第二章 企业质量管理**
008 | 第一节 调研样本的组成
010 | 第二节 企业劳动生产率
011 | 第三节 企业质量管理体系建设
013 | 第四节 企业质量管理部门设置
015 | 第五节 质量要素管理和资源投入
021 | 第六节 企业过程质量控制情况
023 | 第七节 企业质量管理成果

028 | **第三章 项目质量管理**
028 | 第一节 调研样本的组成
031 | 第二节 项目质量管理体系
044 | 第三节 项目质量目标设定与策划分析
052 | 第四节 项目质量管理资源投入分析

065 | 第五节　过程质量控制情况分析
075 | 第六节　质量监督检查和质量报告提供情况

081 | **第四章　结论和建议**
081 | 第一节　企业部分
085 | 第二节　项目部分

II 第二篇
工程建设企业和项目质量管理典型案例

093 | 创新驱动，系统提升，打造"品质一局"
　　　　——中交一公局集团有限公司

110 | 强化质量体系建设、推动企业高质量发展
　　　　——中铁建设集团有限公司

125 | 以诚实信誉为本　以优异质量取胜
　　　　——武汉市汉阳市政建设集团有限公司

136 | 创新引领　匠心建造　高质量建设中国北方首条跨海沉管隧道
　　　　——中交第一航务工程局有限公司大连湾海底隧道建设工程

160 | 以实体质量提升为核心　技术创新为引领　全面推进工程质量创优
　　　　——中交第二航务工程局有限公司新建连云港至镇江铁路五峰山长江特大桥

189 | 建华龙一号，筑国之重器
　　　　——福建福清核电有限公司中国自主三代核电华龙一号全球首堆示范工程

第一篇 工程建设企业和项目质量管理调研报告

近年来行业质量相关法律法规及政策

国家法律法规和政策为行业高质量发展提供了良好环境

2011年4月,第十一届全国人民代表大会常务委员会第二十次会议对《中华人民共和国建筑法》进行第一次修正。2019年4月,第十三届全国人民代表大会常务委员会第十次会议对《中华人民共和国建筑法》进行第二次修正。

2017年2月,国务院办公厅发布《关于促进建筑业持续健康发展的意见》(国办发〔2017〕19号)。

2017年10月,国务院修订《建设工程勘察设计管理条例》。

2018年1月,国务院印发《关于加强质量认证体系建设促进全面质量管理的意见》(国发〔2018〕3号)。

2019年4月,国务院第二次修订《建设工程质量管理条例》。

2019年9月,《国务院办公厅转发住房和城乡建设部〈关于完善质量保障体系提升建筑工程品质指导意见〉的通知》(国办函〔2019〕92号)。

2022年11月,国家市场监督管理总局牵头,18部委联合印发《关于印发进一步提高产品、工程和服务质量行动方案(2022—2025年)的通知》(国市监质发〔2022〕95号)。

2023年2月,中共中央 国务院印发《质量强国建设纲要》。

2024年7月,国务院印发《深入实施以人为本的新型城镇化战略五年行动计划》(国发〔2024〕17号)。

第二节

工程建设领域质量管理政策推动行业质量水平持续提升

2014年8月,住房和城乡建设部印发《建筑工程五方责任主体项目负责人质量终身责任追究暂行办法》(建质〔2014〕124号)。

2014年11月,中国铁路总公司印发《铁路建设项目工程质量管理办法》(铁总建设〔2014〕292号)。

2015年3月,交通运输部印发《铁路建设工程质量监督管理规定》(交通运输部令2015年第2号)。

2016年12月,交通运输部印发《关于打造公路水运品质工程的指导意见》(交安监发〔2016〕216号)。

2017年3月,住房和城乡建设部印发《关于工程质量安全提升行动方案的通知》(建质〔2017〕57号)。

2017年8月,交通运输部印发《公路水运工程质量监督管理规定》(交通运输部令2017年第28号)。

2017年12月,住房和城乡建设部印发《关于开展工程质量管理标准化工作的通知》(建质〔2017〕242号)。

2017年12月,水利部按照《水利部关于废止和修改部分规章的决定》(中华人民共和国水利部令第49号)对《水利工程质量管理规定》进行修订。

2019年3月,国家发展改革委、住房和城乡建设部联合印发《关于推进全过程工程咨询服务发展的指导意见》(发改投资规〔2019〕515号)。

2020年9月,住房和城乡建设部印发《关于落实建设单位工程质量首要责任的通知》(建质规〔2020〕9号)。

2022年1月,住房和城乡建设部印发《"十四五"建筑业发展规划》(建市〔2022〕11号)。

2022年7月,住房和城乡建设部、国家发展改革委印发《"十四五"全国城市基础设施建设规划》(建城〔2022〕57号)。

2022年7月,国家发展改革委、交通运输部印发《国家公路网规划》(发改基础〔2022〕1033号)。

2023年3月,《建设工程质量检测管理办法》(中华人民共和国住房和城乡建设部令 2023 年第 57 号）开始施行。

2024 年 3 月，住房和城乡建设部印发《关于新形势下进一步加强城市建设档案管理工作的通知》（建办规〔2024〕1 号）。

2024 年 7 月，住房和城乡建设部印发《住房城乡建设领域公共信用信息目录（2024 年版）》（建办厅〔2024〕35 号）。

GB 55 系列强制性标准明确了工程质量的底线红线

2016 年以来，住房和城乡建设部陆续印发《深化工程建设标准化工作改革的意见》等文件，提出政府制定强制性标准、社会团体制定自愿采用性标准的长远目标，明确了逐步用全文强制性工程建设规范取代现行标准中分散的强制性条文的改革任务，逐步形成由法律、行政法规、部门规章中的技术性规定与全文强制性工程建设规范构成的"技术法规"体系。

GB 55 系列规范是住房和城乡建设部自 2022 年开始发布的一组通用规范，其发布和实施旨在提高工程建设项目的质量和安全，为工程建设行业提供了更加明确和统一的指导，对于推动工程建设行业的标准化、规范化发展具有重要意义。该系列规范涵盖了工程建设领域的各个方面，包括但不限于结构、防火、施工、安全、环境、节能等方面，编号从 GB 55001 开始，计划出版 38 本，目前已出版 37 本。

规范分类统计如表 1.3-1 所示。

表 1.3-1

序号	编号	规范名称	发布时间	实施日期	备注
1	GB 55001—2021	工程结构通用规范	2021 年 4 月 9 日	2022 年 1 月 1 日	
2	GB 55002—2021	建筑与市政工程抗震通用规范	2021 年 4 月 9 日	2022 年 1 月 1 日	
3	GB 55003—2021	建筑与市政地基基础通用规范	2021 年 4 月 9 日	2022 年 1 月 1 日	
4	GB 55004—2021	组合结构通用规范	2021 年 4 月 9 日	2022 年 1 月 1 日	
5	GB 55005—2021	木结构通用规范	2021 年 4 月 12 日	2022 年 4 月 1 日	
6	GB 55006—2021	钢结构通用规范	2021 年 4 月 9 日	2022 年 1 月 1 日	
7	GB 55007—2021	砌体结构通用规范	2021 年 4 月 9 日	2022 年 1 月 1 日	

续表

序号	编号	规范名称	发布时间	实施日期	备注
8	GB 55008—2021	混凝土结构通用规范	2021年4月8日	2022年1月1日	
9	GB 55009—2021	燃气工程项目规范	2021年4月9日	2022年1月1日	
10	GB 55010—2021	供热工程项目规范	2021年4月9日	2022年1月1日	
11	GB 55011—2021	城市道路交通工程项目规范	2021年4月9日	2022年1月1日	
12	GB 55012—2021	生活垃圾处理处置工程项目规范	2021年4月9日	2022年1月1日	
13	GB 55013—2021	市容环卫工程项目规范	2021年4月9日	2022年1月1日	
14	GB 55014—2021	园林绿化工程项目规范	2021年4月9日	2022年1月1日	
15	GB 55015—2021	建筑节能与可再生能源利用通用规范	2021年9月8日	2022年4月1日	
16	GB 55016—2021	建筑环境通用规范	2021年9月8日	2022年4月1日	
17	GB 55017—2021	工程勘察通用规范	2021年9月8日	2022年4月1日	
18	GB 55018—2021	工程测量通用规范	2021年9月8日	2022年4月1日	
19	GB 55019—2021	建筑与市政工程无障碍通用规范	2021年9月8日	2022年4月1日	
20	GB 55020—2021	建筑给水排水与节水通用规范	2021年9月8日	2022年4月1日	
21	GB 55021—2021	既有建筑鉴定与加固通用规范	2021年9月8日	2022年4月1日	
22	GB 55022—2021	既有建筑维护与改造通用规范	2021年9月8日	2022年4月1日	
23	GB 55023—2022	施工脚手架通用规范	2022年3月10日	2022年10月1日	
24	GB 55024—2022	建筑电气与智能化通用规范	2022年3月10日	2022年10月1日	
25	GB 55025—2022	宿舍、旅馆建筑项目规范	2022年3月10日	2022年10月1日	
26	GB 55026—2022	城市给水工程项目规范	2022年3月10日	2022年10月1日	
27	GB 55027—2022	城乡排水工程项目规范	2022年3月10日	2022年10月1日	
28	GB 55028—2022	特殊设施工程项目规范	2022年3月10日	2022年10月1日	

续表

序号	编号	规范名称	发布时间	实施日期	备注
29	GB 55029—2022	安全防范工程通用规范	2022年3月10日	2022年10月1日	
30	GB 55030—2022	建筑与市政工程防水通用规范	2022年9月27日	2023年4月1日	
31	GB 55031—2022	民用建筑通用规范	2022年7月15日	2023年3月1日	
32	GB 55032—2022	建筑与市政工程施工质量控制通用规范	2022年7月15日	2023年3月1日	
33	GB 55033—2022	城市轨道交通工程项目规范	2022年7月15日	2023年3月1日	
34	GB 55034—2022	建筑与市政施工现场安全卫生与职业健康通用规范	2022年10月31日	2023年6月1日	
35	GB 55035—2023	城乡历史文化保护利用项目规范	2022年5月23日	2023年12月1日	
36	GB 55036—2023	消防设施通用规范	2022年7月15日	2023年3月1日	
37	GB 55037—2023	建筑防火通用规范	2022年12月27日	2023年6月1日	代替《建筑设计防火规范》GB 50016—2014部分条文

第二章

企业质量管理

第一节

调研样本的组成

本次调研样本共由181家企业数据组成。

1. 按企业性质划分（表2.1-1）

表 2.1-1

企业性质	央企	地方国企	私营企业
本次调研数量	107个	47个	27个
占比	59.12%	25.97%	14.92%
上次调研数量	45个	48个	66个
占比	28.30%	30.19%	41.51%

2. 按企业资质划分（表2.1-2）

表 2.1-2

企业资质	特级资质	一级及以下资质
本次调研数量	72个	109个
占比	39.78%	60.22%
上次调研数量	74个	85个
占比	46.54%	53.46%

3. 按企业注册地区划分（表2.1-3）

表 2.1-3

企业注册地区	东部	中部	西部和东北地区
本次调研数量	94个	26个	61个

续表

企业注册地区	东部	中部	西部和东北地区
占比	51.93%	14.36%	33.70%
上次调研数量	112个	30个	17个
占比	70.44%	18.87%	10.69%

注：根据2011年国家统计局《东西中部和东北地区划分方法》，东部地区包括北京、天津、河北、上海、江苏、浙江、福建、山东、广东和海南10省市；中部地区包括山西、安徽、江西、河南、湖北和湖南6省；西部地区包括内蒙古、广西、重庆、四川、贵州、云南、西藏、陕西、甘肃、青海、宁夏和新疆12省（区、市）；东北地区包括辽宁、吉林和黑龙江3省。本次调研未包含港、澳、台。

4. 按企业产值规模划分

参与调研的181家企业中，2023年产值规模最低0.04亿元，最高1383亿元，平均值112.10亿元，较2021年平均值130.69亿元降低14.22%，中位数48.10亿元，较2021年中位数58.30亿元降低17.50%。具体情况见表2.1-4。

表2.1-4

企业产值规模	1000亿元以上	500亿元至1000亿元（含）	200亿元至500亿元（含）	50亿元至200亿元（含）	20亿元至50亿元（含）	5亿元至20亿元（含）	5亿元（含）及以下
本次调研数量	3个	5个	17个	62个	45个	23个	26个
占比	1.66%	2.76%	9.39%	34.25%	24.86%	12.71%	14.36%
上次调研数量	3个	5个	17个	65个	20个	33个	16个
占比	1.89%	3.14%	10.69%	40.88%	12.58%	20.75%	10.06%

从产值分布占比上可以看出，200亿元以上产值企业相对稳定，200亿元以下产值企业的营收规模有所下降。

5. 按企业人数规模划分（表2.1-5）

表2.1-5

企业人数规模	10000人以上	5000人至10000人（含）	2000人至5000人（含）	1000人至2000人（含）	500人至1000人（含）	200人至500人（含）	200人（含）以下
本次调研数量	6个	12个	29个	49个	33个	27个	25个
占比	3.31%	6.63%	16.02%	27.07%	18.23%	14.92%	13.81%
上次调研数量	9个	8个	31个	33个	33个	27个	18个
占比	5.66%	5.03%	19.50%	20.75%	20.75%	16.98%	11.32%

第二节 企业劳动生产率

企业人均年产值整体分布情况见表2.2-1。

表 2.2-1

人均年产值	1400万元以上	1100万元至1400万元（含）	800万元至1100万元（含）	500万元至800万元（含）	300万元至500万元（含）	100万元至300万元（含）	100万元（含）以下
本次调研数量	7个	4个	9个	49个	60个	44个	8个
占比	3.87%	2.21%	4.97%	27.07%	33.15%	24.31%	4.42%
上次调研数量	11个	7个	14个	38个	41个	39个	9个
占比	6.92%	4.40%	8.81%	23.90%	25.79%	24.53%	5.66%

本次参与调研的181家企业人均年产值为522.50万元/人，中位数为404.44万元/人。与上次调研情况相比，企业人均年产值提高11.08%，中位数降低6.88%，表现出企业人均年产值虽然增加，但大部分企业人均年产值仍呈下滑趋势。

1. 按企业性质分析人均年产值

2023年央企人均年产值590.47万元/人，地方国企人均年产值485.86万元/人，私营企业人均年产值212.56万元/人。

2021年央企人均年产值424.13万元/人，地方国企人均年产值435.54万元/人，私营企业人均年产值691.05万元/人。

2. 按企业资质分析人均年产值

2023年特级资质企业人均年产值611.13万元/人，一级及以下资质企业人均年产值463.63万元/人。

2021年特级资质企业人均年产值442.53万元/人，一级资质企业人均年产值438.48万元/人，二级及以下资质企业人均年产值171.03万元/人。

3. 按企业注册地区分析人均年产值

2023年东北及西部地区人均年产值341.82万元/人，中部地区企业人均年产值534.29万元/人，东部地区企业人均年产值636.48万元/人。

2021年东北及西部地区人均年产值429.25万元/人，中部地区企业人均年产值433.37万元/人，东部地区企业人均年产值492.88万元/人。

4. 按企业所处行业分析人均年产值

2023年最高等级资质含有建筑资质（下同）企业人均年产值451.79万元/人，公路资质企业人均年产值478.4万元/人，铁路资质企业人均年产值556.07万元/人，市政公用资质企业人均年产值608.53万元/人，机电资质企业人均年产值329.77万元/人，水利水电资质企业人均年产值429.66万元/人，港口与航道资质企业人均年产值463.15万元/人。

2021年最高等级资质含有建筑资质（下同）企业人均年产值478.57万元/人，公路资质企业人均年产值432.13万元/人，铁路资质企业人均年产值371.99万元/人，市政公用资质企业人均年产值423.42万元/人，机电资质企业人均年产值370.35万元/人，水利水电资质企业人均年产值362.10万元/人，港口与航道资质企业人均年产值425.71万元/人。

从数据可以看出，本次调研主营业务集中在房建的企业，人均年产值呈现下降态势；交通工程类和水利水电类企业，人均年产值则呈现出上升趋势。

第三节 企业质量管理体系建设

一、企业质量管理工作目标及内容

目标管理是大多数企业行之有效的管理方法，设定目标能起到导向作用，可以保证质量管理资源的持续投入，可以调动企业员工的积极性，取得较好的质量管理成果。本次调研，有166家企业具有明确的年度质量管理工作目标，占比91.71%，其中60家企业有详细的量化指标或年度质量管理重点工作，且将质量管理目标纳入绩效考核评价体系。目标管理有利于明确质量工作要求，强化质量意识，实现质量目标的过程控制，提高工程质量。

二、企业质量管理架构及流程

158家企业建立了企业质量管理架构和流程，占比87.29%；23家企业未填写企业质量管理架构和流程，占比12.71%。

企业质量管理架构图见图 2.3-1。

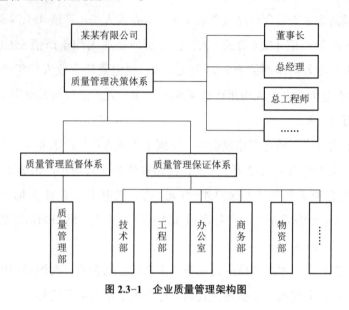

图 2.3-1　企业质量管理架构图

三、企业质量管理制度建设

181 家调研企业中，97.24% 的企业通过 ISO 9000 体系认证，仅有 5 家一级及以下资质企业未进行质量管理体系认证。其中，164 家企业建立了具体质量管理制度，占比 90.61%；17 家企业未填写是否建立了企业质量管理制度，占比 9.39%。

关于企业质量管理体系和质量管理流程。从调研结果分析来看，一是企业 ISO 9000 体系认证保持高通过率；二是约三分之二的企业建立了企业质量管理体系基本构架；三是约一半的企业有质量管理流程图或质量体系要素职责分配表，但建立了明确的质量管理流程的企业比例偏低。

关于企业质量管理制度。一是绝大多数企业建立了质量管理制度，并有详细清单；二是多数企业的质量管理制度约 20 项，覆盖施工全部过程，贯通企业和项目质量管理两个层面，大部分企业编制了质量管理手册、制度汇编等；三是部分企业加强了质量底线和工人技能管理，建立了质量底线管理制度、质量"工匠之星"实施指南、质量风险红黄牌警示管理办法；四是未建立质量管理制度的企业，都是成立 5 年以内的企业，管理基础较弱，制度尚不完善。

四、企业质量工作发展规划情况

181家企业中,有122家企业制定了专项质量工作发展规划,占比67.40%(其中央企80家,地方国企26家,私营企业16家);59家企业未制定专项质量工作发展规划,占比32.60%。

第四节 企业质量管理部门设置

一、质量分管领导设置

参与调研的181家企业中,有25家企业配备了专职分管质量工作领导,占比13.81%,较上次调研数据15.09%降低约1个百分点。

(1)企业领导层是否设置专职质量负责人情况,按企业性质分析见表2.4-1。

表2.4-1

企业性质	央企		地方国企		私营企业	
本次调研数量	107个		47个		27个	
专职质量负责人	设立	未设立	设立	未设立	设立	未设立
数量	10个	97个	11个	36个	4个	23个
占比	9.35%	90.65%	23.40%	76.60%	14.81%	85.19%

(2)企业领导层是否设置专职质量负责人情况,按企业资质分析见表2.4-2。

表2.4-2

企业资质	特级		一级及以下	
本次调研数量	72个		109个	
专职质量负责人	设立	未设立	设立	未设立
数量	12个	60个	13个	96个
占比	16.67%	83.33%	11.93%	88.07%

(3)企业领导层是否设置专职质量负责人情况,按企业注册地域分析见表2.4-3。

表 2.4-3

企业注册地区	东部		中部		西部和东北地区	
本次调研数量	94个		26个		61个	
专职质量负责人	设立	未设立	设立	未设立	设立	未设立
数量	16个	78个	2个	24个	7个	54个
占比	17.02%	82.98%	7.69%	92.31%	11.48%	88.52%

从表中数据可以看出，在企业领导层设置专职质量负责人，特级企业设置比率高于一级及以下企业；地方国企设置比率高于央企和私营企业。

二、质量管理部门设置

有 29 家企业设置了独立的、仅负责质量工作的质量管理部门，占比 16.02%，较上次调研数据 20.75% 降低约 5 个百分点。

（1）企业是否设立质量管理专职部门，按企业性质分析见表 2.4-4。

表 2.4-4

企业性质	央企		地方国企		私营企业	
本次调研数量	107个		47个		27个	
专职质量部门	设立	未设立	设立	未设立	设立	未设立
数量	13个	94个	8个	39个	8个	19个
占比	12.15%	87.85%	17.02%	82.98%	29.63%	70.37%

（2）企业是否设立质量管理专职部门，按企业资质分析见表 2.4-5。

表 2.4-5

企业资质	特级		一级及以下	
本次调研数量	72个		109个	
专职质量部门	设立	未设立	设立	未设立
数量	11个	61个	18个	91个
占比	15.28%	84.72%	16.51%	83.49%

（3）企业是否设立质量管理专职部门，按企业注册地域分析见表 2.4-6。

表 2.4-6

企业注册地区	东部	中部	西部和东北地区
本次调研数量	94个	26个	61个

续表

企业注册地区	东部		中部		西部和东北地区	
专职质量部门	设立	未设立	设立	未设立	设立	未设立
数量	16个	78个	1个	25个	12个	49个
占比	17.02%	82.98%	3.85%	96.15%	19.67%	80.33%

从企业质量管理专职部门设置的情况来看，大部分企业还是将质量管理与其他管理业务相结合，部分企业质量管理部门除了监督职能之外，还具有工程建设技术、安全等工作的支撑职能，这对于质量管理的客观性监督和管控作用的发挥造成了一定的影响。

第五节

质量要素管理和资源投入

一、企业总部专职质量管理人员情况

181家企业样本中，企业总部（包含分公司机关）专职质量管理人员平均21.08人/家，中位数5人/家。整体分布情况见表2.5-1。

表2.5-1

人数	80人（含）以上	50人（含）至80人	30人（含）至50人	10人（含）至30人	5人（含）至10人	3人（含）至4人	3人以下
本次调研数量	10个	5个	11个	32个	42个	41个	40个
占比	5.52%	2.76%	6.08%	17.68%	23.20%	22.65%	22.10%
上次调研数量	8个	14个	16个	36个	48个	21个	16个
占比	5.03%	8.81%	10.06%	22.64%	30.19%	13.21%	10.06%

由于各企业管理模式的不一致，部分企业将项目上专职质量管理人员归属在企业质量管理部门的人员之中，还有部分项目只统计了总部机关工作的专职质量人员，未统计分公司专职质量人员，造成了数据上有较大差异，但总体来说专职质量管理人员的配备与企业营业规模和在施项目数量存在一定的相关性。整体来看，企业质量管理部门的专职质量管理人员在企业全体自有员工中的占比多在1%以内，部分人数规模较大的企业甚至低于0.5%，各企业还需要进一步加强专职质量管理人员的配备，重

视质量管理人员的培训，确保质量监督体系的独立运转。

（1）按企业产值规模分析企业总部专职质量管理人员平均人数见表2.5-2。

表2.5-2

年产值	500亿元以上	200亿元至500亿元（含）	50亿元至200亿元（含）	20亿元至50亿元（含）	5亿元至20亿元（含）	5亿元（含）及以下
本次调研数量	8个	14个	62个	44个	27个	26个
专职质量管理人员平均人数	21.63	36.07	24.91	8.43	12.93	6.77
上次调研数量	8个	17个	65个	20个	33个	16个
专职质量管理人员平均人数	19.75	29.82	27.74	13.35	8.76	7.69

（2）按企业性质分析企业总部专职质量管理人员平均人数见表2.5-3。

表2.5-3

企业性质	央企	地方国企	私营企业
数量	107个	47个	27个
专职质量管理人员平均人数	22.52	25.36	7.89

（3）按企业资质分析企业总部专职质量管理人员平均人数见表2.5-4。

表2.5-4

企业资质	特级	一级及以下
数量	72个	109个
专职质量管理人员平均人数	31.85	13.96

（4）按企业注册地区分析企业总部专职质量管理人员平均人数见表2.5-5。

表2.5-5

企业注册地区	东部地区	中部地区	西部和东北地区
数量	94个	26个	61个
专职质量管理人员平均人数	17.78	33	21.08

二、企业总部专职质量管理人员素质

181家企业中，总部专职质量管理人员共计3815人，其中硕士及以上383人，本科 2585 人，专科及以下 847 人。本科、硕士及以上学历占比为 77.8%。企业专职质量管理人员平均每家有硕士 2.12 人，本科 14.28 人，专科及以下 4.68 人。

（1）按企业性质分析企业总部专职质量管理人员素质见表 2.5-6。

表 2.5-6

企业性质	央企		地方国企		私营企业	
数量	107 个		47 个		27 个	
专职质量管理人员平均人数	22.52		25.36		7.89	
学历层次	硕士及以上	本科	硕士及以上	本科	硕士及以上	本科
不同学历层次人员平均人数	1.63	15.68	4.23	17.04	0.37	3.93
本科、硕士及以上学历总部质量管理人员中占比	76.87%		83.87%		54.50%	

从企业性质来看，高层次技术人才更倾向于向央企和地方国企聚集，专职质量管理人员学历素质相比私营企业配置比例更高。

（2）按企业资质分析企业总部专职质量管理人员素质见表 2.5-7。

表 2.5-7

企业资质	特级		一级及以下	
数量	72 个		109 个	
专职质量管理人员平均人数	31.85		13.96	
学历层次	硕士及以上	本科	硕士及以上	本科
不同学历层次人员平均人数	3.07	21.43	1.49	9.56
本科、硕士及以上学历总部质量管理人员中占比	76.92%		79.15%	

从企业资质来看，高层次技术人才更倾向于向特级企业聚集，专职质量管理人员学历素质相比一级及以下企业配置比例更高。

（3）按企业注册地区分析企业总部专职质量管理人员素质见表 2.5-8。

表 2.5-8

企业注册地区	东部地区	中部地区	西部和东北地区
数量	94 个	26 个	61 个

续表

企业注册地区	东部地区		中部地区		西部和东北地区	
专职质量管理人员平均人数	17.78		33		21.08	
学历层次	硕士及以上	本科	硕士及以上	本科	硕士及以上	本科
不同学历层次人员平均人数	2.24	12.24	1.81	19.42	2.05	15.23
本科、硕士及以上学历总部质量管理人员中占比	81.44%		64.33%		81.97%	

（4）企业总部专职质量管理人员工作年限情况见表2.5-9。

表2.5-9

工作年限	10年以上	5年到10年	5年以下
人数	1736	1336	743
占比	45.50%	35.02%	19.48%

从各企业总部专职质量管理人员工作年限可以看出，质量管理队伍人员相对稳定，从事质量工作10年以上、5年至10年和5年以下的比例接近2∶2∶1，该配置既有利于企业高效完成质量管理工作，又能对新人起到"传帮带"的作用，配置较为科学。

三、企业整体项目质量管理人员投入情况

样本企业在项目质量管理中，配置专职质检员的企业数量为163家，占比90.06%（其中全部为专职质检员的企业数量为46家，占比28.22%；专职、兼职都有的企业数量为117家，占比71.78%），在配备专职质检员的企业中，仅有109家企业专职质检员持证率为100%，且尚有20家企业持证率不足50%；仅配置兼职质检员的企业数量为9家，占比4.97%，其中仅有4家企业质检员持证率为100%；尚有9家企业未配备质检员，占比4.97%。

参与调研企业质检员人数共计29634人，其中专职质检员占比57.02%，兼职质检员占比42.98%；专职质检员共计16898人（其中持证人数为13849人，占比81.96%），平均每家企业104.31人；兼职的质检员共计12736人（其中持证人数6796人，占比53.36%），平均每家企业68.58人。

四、企业质量管理人员继续教育情况

2021年至2023年各企业质量管理人员继续教育情况见表2.5-10。

表 2.5-10

人均继续教育时长（学时）	80以上	60至80（含）	40至60（含）	20至40（含）	20（含）以下
2021年企业数量	12个	6个	22个	95个	46个
占比	6.63%	3.31%	12.15%	52.49%	25.41%
2022年企业数量	14个	8个	32个	86个	41个
占比	7.73%	4.42%	17.68%	47.51%	22.65%
2023年企业数量	17个	7个	34个	88个	35个
占比	9.39%	3.87%	18.78%	48.62%	19.34%

（1）按企业性质分析见表2.5-11。

表 2.5-11

企业性质	央企	地方国企	私营企业
2021年质量管理人员继续教育平均学时	31.94	39.77	75.74
2022年质量管理人员继续教育平均学时	34.46	42.28	84.26
2023年质量管理人员继续教育平均学时	39.19	40.06	102.11

（2）按企业资质分析见表2.5-12。

表 2.5-12

类别	特级	一级及以下
2021年质量管理人员继续教育平均学时	39.57	41.13
2022年质量管理人员继续教育平均学时	42.14	45.09
2023年质量管理人员继续教育平均学时	44.39	53.01

（3）按企业注册地区分析见表2.5-13。

表 2.5-13

类别	东部	中部	西部和东北地区
2021年质量管理人员继续教育平均学时	33.29	45.73	49.4
2022年质量管理人员继续教育平均学时	35.08	48.08	55.78
2023年质量管理人员继续教育平均学时	39.33	50.15	65.15

从表中情况可以看出，企业对于质量管理人员继续教育的重视程度正逐年上涨，但部分企业继续教育仍投入不足。

五、企业工艺标准（手册）和质量手册编制（更新）情况

181家企业中，有132家企业编制了工艺标准（或工艺手册），占比72.93%，其中有122家企业是近五年（2020年至今）编制或者更新的工艺标准（工艺手册），占比67.40%。

共有169家企业编制了专门的质量手册或在其他手册中有包含质量管理内容，占93.37%。其中，116家企业编制了专门的质量手册，占比68.64%；109家企业是近五年（2020年至今）编制或者更新的质量手册，占比64.50%。编制或者更新工艺标准（工艺手册）和质量手册的企业，最后一版成稿时间统计见表2.5-14。

表2.5-14

最后一版成稿时间	2024年	2023年	2022年	2021年	2020年	2020年之前
编制或更新工艺标准的企业数量	21个	46个	35个	14个	6个	10个
占比（基数132家）	15.91%	34.85%	26.52%	10.61%	4.55%	7.58%
编制或更新质量手册的企业数量	19个	41个	29个	10个	10个	7个
占比（基数116家）	16.38%	35.34%	25.00%	8.62%	8.62%	6.03%

（1）近五年（2020年至今）企业编制或更新工艺标准（工艺手册）和质量手册情况，按企业性质分析见表2.5-15。

表2.5-15

企业性质	央企	地方国企	私营企业
数量	107个	47个	27个
编制或更新工艺标准的企业数量	75个	32个	15个
占比	70.09%	68.09%	55.56%
编制或更新质量手册的企业数量	69个	25个	15个
占比	64.49%	53.19%	55.56%

从表中数据可以看出，央企开展企业内部工艺标准和质量手册的编制活动占比高于地方国企和民营企业。

（2）近五年（2020年至今）企业编制或更新工艺标准（工艺手册）和质量手册，按企业资质分析见表2.5-16。

表 2.5-16

企业资质	特级	一级及以下
企业数量	72个	109个
编制或更新工艺标准的企业数量	60个	62个
占比	83.33%	56.88%
编制或更新质量手册的企业数量	45个	64个
占比	62.50%	58.72%

（3）近五年（2020年至今）企业编制或更新工艺标准（工艺手册）和质量手册情况，按企业注册地区域分析见表2.5-17。

表 2.5-17

企业注册地区	东部地区	中部地区	西部和东北地区
数量	94个	26个	61个
编制或更新工艺标准的企业数量	64个	19个	39个
占比	68.09%	73.08%	63.93%
编制或更新质量手册的企业数量	57个	19个	33个
占比	60.64%	73.08%	54.10%

从表中数据可以看出，特级企业相较一级及以下企业更重视工艺的标准化工作，工艺手册编制的活动占比明显提高。

第六节 企业过程质量控制情况

一、企业对项目的检查情况

1. 标准化评分检查表格制定情况

181家调研企业中，有171家企业在公司层面制定了对下级项目检查的标准化评分表格，占比94.48%。标准化评分表格的应用为各单位规范质量监督检查活动奠定了基础，是各单位质量体系运行的重要支撑。

2. 法人企业对项目检查的奖惩情况

181家调研企业中，有98家法人企业通过检查项目进行了质量奖励，奖励项目的平均数为10.98次；有94家企业通过检查项目进行了质量处罚，处罚项目的平均数为6.97次。质量奖惩活动有效进行。

二、QC活动开展情况

1. 企业开展QC活动的初衷分析

有效调研企业数据175个，其中活动初衷为服务科技创新、进行技术攻关的企业有4家，占比2.29%；活动初衷为提升工程质量、提高工序一次验收合格率的企业有23家，占比13.14%；活动初衷以上两者皆有的企业有148家，占比84.57%。

2. 企业项目QC活动开展情况分析

2023年共有165家企业于在施项目中开展了QC活动，占比为91.16%。调研企业2023年在施项目合计15204个，开展QC活动的项目数量6287个；竣工项目合计5712个，开展QC活动的项目数量2032个。

181家调研企业中，有169家企业内成立了QC活动小组，占比为93.37%，QC活动小组成员合计53426人，占企业总人数的13.45%。

（1）从企业性质分析见表2.6-1。

表2.6-1

企业性质	央企	地方国企	私营企业
企业数量	107个	47个	27个
开展QC活动的企业数量	106个	42个	16个
占比	99.07%	89.36%	59.26%
在施项目均开展QC小组活动的企业数量	17个	3个	5个
占比	15.89%	6.38%	18.52%

（2）从企业资质分析见表2.6-2。

表2.6-2

资质情况	特级	一级及以下
企业数量	72个	109个
开展QC活动的企业数量	70个	95个
占比	97.22%	87.16%

（3）从产值规模分析见表2.6-3。

表2.6-3

年产值	500亿元以上	200亿元至500亿元（含）	50亿元至200亿元（含）	20亿元至50亿元（含）	5亿元至20亿元（含）	5亿元（含）及以下
企业数量	8个	17个	62个	45个	23个	26个
开展QC活动的企业数量	7个	16个	62个	44个	22个	14个
占比	87.50%	94.12%	100.00%	97.78%	95.65%	53.85%

年产值5亿元以下的小规模企业开展QC活动相对较少。

第七节

企业质量管理成果

一、企业QC活动开展成效

1. 企业QC成果获奖情况

参与调研的181家企业中，2023年QC活动成果获奖的企业有150家，占比82.87%，其中获得国家级QC成果的企业有108家，占比为59.67%。

2. 企业开展QC活动的收获

参与调研的181家企业中，125家企业反映在开展QC活动的过程中企业收获很多，占比为69.06%；48家企业认为开展QC活动的成效一般，占比为26.52%；8家企业未发表意见，占比为4.42%。从QC活动的成效反馈中可以看出，部分企业对QC活动的认识还不够全面彻底，主动开展QC活动的意愿并不强烈，开展QC活动多是为了项目评优评奖或企业资质维护等方面需求，对QC活动的群众性、多样性、灵活性理解不够，还未能有效地将QC活动作为解决问题的手段，主动应用到企业管理、经营、生产、服务的提升之中。工程建设企业还需要进一步强化对QC活动的认识，借鉴制造业QC活动开展经验，帮助企业员工掌握QC活动的方法和工具，切实把QC活动落到实处。

二、企业获得省部级及以上工程质量奖的情况

调研样本中154家企业数据有效。154家样本企业2020年竣工项目共计4315个，其中获得省部级及以上工程质量奖的项目有1263个，占比29.27%；平均每家企业获奖数量8.20项，中位数是4项。2021年竣工项目共计6389个，其中获得省部级及以上工程质量奖的项目有1224个，占比19.16%；平均每家企业获奖7.95项，中位数是3项。具体情况见表2.7-1。

表 2.7-1

名称	2020年竣工项目			2021年竣工项目			2022年竣工项目数量
	竣工项目数量	竣工项目获奖数量	已达到合同约定创优目标的数量	竣工项目数量	竣工项目获奖数量	已达到合同约定创优目标的数量	
数量	4315个	1263个	1409个	6389个	1224个	1545个	4793个
占比	100.00%	29.27%	32.65%	100.00%	19.16%	24.18%	100.00%

从统计情况可以看出，各企业重视项目创优工作，受到项目奖项申报和评选周期影响，2021年竣工项目获奖率较2020年竣工项目偏低。从数据可以看出，样本企业2020年和2021年获得省部级及以上优质工程奖的比例为29.27%和19.16%，远远高于行业平均水平，说明样本企业普遍是行业内经营较好的企业。

单家企业获得奖项数量整体分布情况见表2.7-2。

表 2.7-2

年度竣工项目获奖数量	50项及以上	30项（含）至50项	20项（含）至30项	10项（含）至20项	5项（含）至10项	2项（含）至5项	1项	0项
2020年竣工项目获奖数量处于其间的企业家数	22个	11个	10个	39个	28个	35个	4个	5个
占比	14.29%	7.14%	6.49%	25.32%	18.18%	22.73%	2.60%	3.25%
2021年竣工项目获奖数量处于其间的企业家数	3个	6个	10个	15个	36个	40个	16个	28个
占比	1.95%	3.90%	6.49%	9.74%	23.38%	25.97%	10.39%	18.18%

（1）按照企业性质分析获得省部级及以上工程质量奖情况见表2.7-3。

表 2.7-3

类别	央企（94家）		地方国企（40家）		私营企业（20家）	
年份	2020年	2021年	2020年	2021年	2020年	2021年
竣工项目数量	2984个	5062个	813个	852个	186个	197个
平均企业竣工项目数量	31.74个	54.43个	20.32个	21.3个	9.3个	9.85个
获奖项目数量	898个	866个	244个	248个	61个	57个
平均企业获奖项目数量	9.55个	9.21个	6.1个	6.2个	3.05个	2.85个
获奖比例	30.09%	17.11%	30.01%	29.11%	32.80%	28.93%

（2）按照企业资质分析获得省部级及以上工程质量奖情况见表2.7-4。

表 2.7-4

类别	特级（60家）		一级及以下（40家）	
年份	2020年	2021年	2020年	2021年
竣工项目数量	2908个	4904个	1075个	1207个
平均企业竣工项目数量	48.47个	81.73个	11.44个	12.98个
获奖项目数量	880个	860个	323个	311个
平均企业获奖项目数量	14.67个	14.33个	3.44个	3.31个
获奖比例	30.26%	17.54%	30.05%	25.77%

三、质保金回收情况

2020年共竣工验收项目4315个，平均质保金回收率为69.17%，其中获奖项目为1263个，平均质保金回收率为79.81%。

2021年共竣工验收项目5767个，平均质保金回收率为64.57%，其中获奖项目为1061个，平均质保金回收率为73.33%。

从整体来看，竣工项目的质保金回收情况仍不理想，在实际工程管理中，质保金的回收受到多种情况的影响，对各企业的绩效情况造成了一定程度的影响。

四、工程质量维修支出

1. 质量维修支出金额分析

本部分分析具有以下局限性：①企业具有较强的不展示质量维修支出的动机；

②部分企业，特别是中小型施工企业没有详细统计质量维修支出；③部分企业未设置质量维修支出会计科目，或虽设置，但实际维修支出在分公司层面消化，计入其他项目成本；④统计、分析手段不合理。上述四点因素将影响分析结果的准确性。

样本企业中100家企业填写的质量维修支出数据有效，针对这些数据进行分析，维修支出最高为8721万元，最低为0.3万元，平均每家企业的质量维修支出金额为544.43万元。具体分布情况见表2.7-5。

表2.7-5

维修金额	5000万元以上	3000万元至5000万元（含）	2000万元至3000万元（含）	1000万元至2000万元（含）	500万元至1000万元（含）	200万元至500万元（含）	100万元至200万元（含）	100万元（含）以下
企业数量	3个	1个	3个	4个	9个	20个	10个	50个
占比	3.00%	1.00%	3.00%	4.00%	9.00%	20.00%	10.00%	50.00%

100家企业2023年尚在质保期内项目的质量维修支出占2023年产值的0.28%。质量维修支出占年产值的比例整体分布见表2.7-6。

表2.7-6

质量维修支出占产值百分比	万分之五十以上	万分之十至万分之五十（含）	万分之五至万分之十（含）	万分之三至万分之五（含）	万分之一至万分之三（含）	万分之一（含）以下
企业数量	5个	13个	14个	8个	30个	30个
占比	5.00%	13.00%	14.00%	8.00%	30.00%	30.00%

2. 质量维修支出内容分析

129家企业共提及防水、抹灰、外墙涂料、路面及附属设施等维修内容共33项，计670次。

其中，房屋建筑类维修内容情况见表2.7-7。

表2.7-7

序号	维修内容	提及次数	占比	序号	维修内容	提及次数	占比
1	屋面防水	83	12.39%	7	瓷砖脱落空鼓	34	5.07%
2	地下室渗漏	74	11.04%	8	给水排水	34	5.07%
3	外墙防水	48	7.16%	9	外墙保温	27	4.03%
4	抹灰开裂及空鼓	46	6.87%	10	内墙涂料	26	3.88%
5	门窗	39	5.82%	11	暖通	25	3.73%
6	外墙涂料	36	5.37%	12	厨卫管道渗漏	24	3.58%

续表

序号	维修内容	提及次数	占比	序号	维修内容	提及次数	占比
13	受力结构（含钢结构、剪力墙、桩基等）	23	3.43%	19	设备及设备基础	14	2.09%
14	回填土	23	3.43%	20	消防	14	2.09%
15	园林绿化	21	3.13%	21	屋面返砂	13	1.94%
16	地坪	17	2.54%	22	幕墙	11	1.64%
17	五金洁具	16	2.39%	23	建筑智能化	8	1.19%
18	石材安装	14	2.09%				

基础设施类维修内容情况见表2.7-8。

表2.7-8

序号	维修内容	提及次数	占比	序号	维修内容	提及次数	占比
1	路面及附属设施	49	21.40%	6	边坡和挡土墙	20	8.73%
2	隧道渗漏	37	16.16%	7	二衬空鼓	15	6.55%
3	二衬裂缝	30	13.10%	8	桥墩污染	15	6.55%
4	桥面及附属设施	25	10.92%	9	轨道和轨道板	9	3.93%
5	路基	21	9.17%	10	桥墩结构	8	3.49%

根据上述数据，可见如下特点：

（1）建筑工程维修支出的高频项主要集中在屋面、外墙和地下室等分部工程，直接与外界环境接触的地方，其中防水渗漏维修仍是最易发生的维修内容，虽然是老生常谈的问题，但一直未能得到有效解决。

（2）路面及附属设施、隧道渗漏和隧道衬砌依然是基础设施类工程项目非常常见的质量问题。

（3）影响工程结构安全的问题依然存在。受力结构的质量问题对工程结构安全影响大，尤其需要注意。

第三章

项目质量管理

第一节

调研样本的组成

本次调研共采集181家企业的322个项目的数据,同比2022年调研项目样本数量增加23.85%,其中,央企项目样本占比从39.62%增加至62.49%,私营企业项目样本从31.15%减少至7.76%,样本组成发生较大变化。按照不同统计口径,样本分布情况如下。

一、按照项目所属企业性质分析(表3.1-1)

表3.1-1

类别	央企	地方国企	私营企业
数量	207个	90个	25个
占比	64.29%	27.95%	7.76%
平均造价	12.49亿元	6.71亿元	1.57亿元

二、按照项目所属企业资质分析(表3.1-2)

表3.1-2

类别	特级	一级及以下
数量	205个	117个
占比	63.66%	36.34%
平均造价	12.18亿元	6.26亿元

三、按照项目所属行业分析(表 3.1-3)

表 3.1-3

类别	建筑工程	交通工程	市政公用工程	工业工程	水利工程
数量	163 个	64 个	57 个	30 个	8 个
占比	50.62%	19.88%	17.70%	9.32%	2.48%
平均造价	6.55 亿元	13.98 亿元	11.29 亿元	14.85 亿元	22.16 亿元

四、按照项目所在地域分析(表 3.1-4)

表 3.1-4

类别	东部地区	西部地区	中部地区	东北地区
数量	167 个	83 个	56 个	16 个
占比	51.86%	25.78%	17.39%	4.97%
平均造价	9.69 亿元	10.21 亿元	12.61 亿元	3.58 亿元

注:根据 2011 年国家统计局《东西中部和东北地区划分方法》,东部地区包括北京、天津、河北、上海、江苏、浙江、福建、山东、广东和海南 10 省市;中部地区包括山西、安徽、江西、河南、湖北和湖南 6 省;西部地区包括内蒙古、广西、重庆、四川、贵州、云南、西藏、陕西、甘肃、青海、宁夏和新疆 12 省市自治区;东北地区包括辽宁、吉林和黑龙江 3 省。本次调研未包含港、澳、台。

五、按照项目承包模式分析(表 3.1-5)

表 3.1-5

类别	PPP 项目	工程总承包 EPC	施工总承包	专业分包
数量	19 个	81 个	205 个	17 个
占比	5.90%	25.16%	63.66%	5.28%
平均造价	19.65 亿元	12.70 亿元	8.67 亿元	2.90 亿元

六、按照项目质量目标分析(表 3.1-6)

表 3.1-6

类别	国家级工程质量奖	省部级工程质量奖	合格(含地市级工程质量奖)
数量	95 个	107 个	120 个

续表

类别	国家级工程质量奖	省部级工程质量奖	合格（含地市级工程质量奖）
占比	29.50%	33.23%	37.27%
平均造价	17.33 亿元	8.63 亿元	5.49 亿元

七、按照项目工程造价分析（表 3.1-7）

工程造价最低 0.023 亿元，最高 131.20 亿元，平均工程造价 10.03 亿元，中位数 5.55 亿元。

表 3.1-7

类别	20 亿元（含）以上	10 亿元（含）至 20 亿元	5 亿元（含）至 10 亿元	2 亿元（含）至 5 亿元	0.5 亿元（含）至 2 亿元	0.5 亿元以下
数量	42 个	56 个	74 个	80 个	50 个	20 个
占比	13.04%	17.39%	22.98%	24.84%	15.53%	6.21%
平均造价	37.11 亿元	14.22 亿元	7.19 亿元	3.49 亿元	1.16 亿元	0.23 亿元

八、按照项目工期分析（表 3.1-8）

表 3.1-8

类别	60 个月（含）以上	48 个月（含）至 60 个月	36 个月（含）至 48 个月	24 个月（含）至 36 个月	12 个月（含）至 24 个月	12 个月以下
数量	25 个	36 个	57 个	102 个	75 个	27 个
占比	7.76%	11.18%	17.70%	31.68%	23.29%	8.39%
调研自评工期合理的项目数量	19 个	28 个	45 个	70 个	44 个	17 个
占比	76.00%	77.78%	78.95%	68.63%	58.67%	62.96%
平均造价	21.88 亿元	20.12 亿元	10.12 亿元	7.84 亿元	6.11 亿元	4.53 亿元

九、按照项目实际工期对比合同工期调整情况分析（表 3.1-9）

表 3.1-9

类别	提前	延期	无调整
数量	51 个	118 个	153 个

续表

类别	提前	延期	无调整
占比	15.84%	36.65%	47.52%
平均造价	8.45亿元	9.28亿元	11.13亿元

第二节

项目质量管理体系

一、项目部班子成员专人负责质量工作情况

班子成员有人专职负责质量工作的项目90个，占比27.95%，同比2022年调研报告增加1.03%，职务多为项目质量总监；班子成员兼职负责质量工作的项目232个，占比72.05%，职务多为项目技术负责人。

1. 按照项目所属企业性质分析（表3.2-1）

表3.2-1

类别			央企	地方国企	私营企业
	数量		207个	90个	25个
项目班子成员负责质量工作情况	专职负责	数量	65个	22个	3个
		占比	31.40%	24.44%	12.00%
	兼职负责	数量	142个	68个	22个
		占比	68.60%	75.56%	88.00%

2. 按照项目所属企业资质分析（表3.2-2）

表3.2-2

类别			特级	一级及以下
	数量		205个	117个
项目班子成员负责质量工作情况	专职负责	数量	71个	19个
		占比	34.63%	16.24%
	兼职负责	数量	134个	98个
		占比	65.37%	83.76%

3. 按照项目所属行业分析（表3.2-3）

表3.2-3

类别			建筑工程	交通工程	市政公用工程	工业工程	水利工程
数量			163个	64个	57个	30个	8个
项目班子成员负责质量工作情况	专职负责	数量	57个	14个	11个	6个	2个
		占比	34.97%	21.88%	19.30%	20.00%	25.00%
	兼职负责	数量	106个	50个	46个	24个	6个
		占比	65.03%	78.13%	80.70%	80.00%	75.00%

4. 按照项目所在地域分析（表3.2-4）

表3.2-4

类别			东部地区	西部地区	中部地区	东北地区
数量			167个	83个	56个	16个
项目班子成员负责质量工作情况	专职负责	数量	56个	18个	14个	2个
		占比	33.53%	21.69%	25.00%	12.50%
	兼职负责	数量	111个	65个	42个	14个
		占比	66.47%	78.31%	75.00%	87.50%

5. 按照项目承包模式分析（表3.2-5）

表3.2-5

类别			PPP项目	工程总承包EPC	施工总承包	专业分包
数量			19个	81个	205个	17个
项目班子成员负责质量工作情况	专职负责	数量	1个	25个	60个	4个
		占比	5.26%	30.86%	29.27%	23.53%
	兼职负责	数量	18个	56个	145个	13个
		占比	94.74%	69.14%	70.73%	76.47%

6. 按照项目质量目标分析（表3.2-6）

表3.2-6

类别	国家级工程质量奖	省部级工程质量奖	合格（含地市级工程质量奖）
数量	95个	107个	120个

续表

类别			国家级工程质量奖	省部级工程质量奖	合格（含地市级工程质量奖）
项目班子成员负责质量工作情况	专职负责	数量	36个	28个	26个
		占比	37.89%	26.17%	21.67%
	兼职负责	数量	59个	79个	94个
		占比	62.11%	73.83%	78.33%

7. 按照项目工程造价分析（表3.2-7）

表3.2-7

类别			20亿元（含）以上	10亿元（含）至20亿元	5亿元（含）至10亿元	2亿元（含）至5亿元	0.5亿元（含）至2亿元	0.5亿元以下
数量			42个	56个	74个	80个	50个	20个
项目班子成员负责质量工作情况	专职负责	数量	9个	22个	27个	20个	11个	1个
		占比	21.43%	39.29%	36.49%	25.00%	22.00%	5.00%
	兼职负责	数量	33个	34个	47个	60个	39个	19个
		占比	78.57%	60.71%	63.51%	75.00%	78.00%	95.00%

8. 按照项目工期分析（表3.2-8）

表3.2-8

类别			60个月（含）以上	48个月（含）至60个月	36个月（含）至48个月	24个月（含）至36个月	12个月（含）至24个月	12个月以下
数量			25个	36个	57个	102个	75个	27个
项目班子成员负责质量工作情况	专职负责	数量	9个	12个	16个	31个	17个	5个
		占比	36.00%	33.33%	28.07%	30.39%	22.67%	18.52%
	兼职负责	数量	16个	24个	41个	71个	58个	22个
		占比	64.00%	66.67%	71.93%	69.61%	77.33%	81.48%

从表中数据可以看出，项目班子成员安排专人负责质量工作的比率，央企项目高于地方国企项目，地方国企项目高于私营企业项目；特级资质企业项目高于一级资质及以下资质企业项目；建筑行业项目略高于其他行业项目，其他行业没有明显区别；东部地区项目高于其他地区项目；质量目标越高的项目，班子成员专责负责质量工作的比率越高；项目工期越长的项目，班子成员专责负责质量工作的比率也越高。

二、项目部质量管理部门设置情况

独立设置质量管理部门的项目 112 个,占比 34.78%,同比 2022 年调研报告降低 14.07%;联合设置的项目 203 个,占比 63.04%,较上一调研周期提高了 14.20%;其他情况(比如有人负责质量管理,但未设部门)的项目 7 个,占比 2.17%。

1. 按照项目所属企业性质分析(表 3.2-9)

表 3.2-9

类别			央企	地方国企	私营企业
数量			207 个	90 个	25 个
项目部质量管理部门设置情况	独立设置	数量	69 个	33 个	10 个
		占比	33.33%	36.67%	40.00%
	联合设置	数量	133 个	56 个	14 个
		占比	64.25%	62.22%	56.00%
	其他情况	数量	5 个	1 个	1 个
		占比	2.42%	1.11%	4.00%

2. 按照项目所属企业资质分析(表 3.2-10)

表 3.2-10

类别			特级	一级及以下
数量			205 个	117 个
项目部质量管理部门设置情况	独立设置	数量	78 个	34 个
		占比	38.05%	29.06%
	联合设置	数量	126 个	77 个
		占比	61.46%	65.81%
	其他情况	数量	1 个	6 个
		占比	0.49%	5.13%

3. 按照项目所属行业分析(表 3.2-11)

表 3.2-11

类别	建筑工程	交通工程	市政公用工程	工业工程	水利工程
数量	163 个	64 个	57 个	30 个	8 个

续表

类别			建筑工程	交通工程	市政公用工程	工业工程	水利工程
项目部质量管理部门设置情况	独立设置	数量	65个	19个	14个	10个	4个
		占比	39.88%	29.69%	24.56%	33.33%	50.00%
	联合设置	数量	95个	45个	42个	17个	4个
		占比	58.28%	70.31%	73.68%	56.67%	50.00%
	其他情况	数量	3个	0个	1个	3个	0个
		占比	1.84%	0.00	1.75%	10.00%	0.00

4. 按照项目所在地域分析（表3.2-12）

表3.2-12

类别			东部地区	西部地区	中部地区	东北地区
数量			167个	83个	56个	16个
项目部质量管理部门设置情况	独立设置	数量	72个	24个	12个	4个
		占比	43.11%	28.92%	21.43%	25.00%
	联合设置	数量	93个	58个	45个	10个
		占比	55.69%	69.88%	80.36%	62.50%
	其他情况	数量	2个	1个	2个	2个
		占比	1.20%	1.20%	3.57%	12.50%

5. 按照项目承包模式分析（表3.2-13）

表3.2-13

类别			PPP项目	工程总承包EPC	施工总承包	专业分包
数量			19个	81个	205个	17个
项目部质量管理部门设置情况	独立设置	数量	2个	25个	80个	5个
		占比	10.53%	30.86%	39.02%	29.41%
	联合设置	数量	17个	52个	123个	11个
		占比	89.47%	64.20%	60.00%	64.71%
	其他情况	数量	0个	4个	2个	1个
		占比	0.00	4.94%	0.98%	5.88%

6. 按照项目质量目标分析（表3.2-14）

表3.2-14

类别			国家级工程质量奖	省部级工程质量奖	合格（含地市级工程质量奖）
数量			95个	107个	120个
项目部质量管理部门设置情况	独立设置	数量	41个	30个	41个
		占比	43.16%	28.04%	34.17%
	联合设置	数量	54个	76个	73个
		占比	56.84%	71.03%	60.83%
	其他情况	数量	0个	1个	6个
		占比	0.00	0.93%	5.00%

7. 按照项目工程造价分析（表3.2-15）

表3.2-15

类别			20亿元（含）以上	10亿元（含）至20亿元	5亿元（含）至10亿元	2亿元（含）至5亿元	0.5亿元（含）至2亿元	0.5亿元以下
数量			42个	56个	74个	80个	50个	20个
项目部质量管理部门设置情况	独立设置	数量	13个	25个	32个	25个	11个	6个
		占比	30.95%	44.64%	43.24%	31.25%	22.00%	30.00%
	联合设置	数量	29个	29个	42个	53个	38个	12个
		占比	69.05%	51.79%	56.76%	66.25%	76.00%	60.00%
	其他情况	数量	0个	2个	0个	2个	1个	2个
		占比	0.00	3.57%	0.00	2.50%	2.00%	10.00%

8. 按照项目工期分析（表3.2-16）

表3.2-16

类别			60个月（含）以上	48个月（含）至60个月	36个月（含）至48个月	24个月（含）至36个月	12个月（含）至24个月	12个月以下
数量			25个	36个	57个	102个	75个	27个
项目部质量管理部门设置情况	独立设置	数量	10个	13个	17个	47个	17个	8个
		占比	40.00%	36.11%	29.82%	46.08%	22.67%	29.63%
	联合设置	数量	15个	23个	39个	53个	56个	17个
		占比	60.00%	63.89%	68.42%	51.96%	74.67%	62.96%
	其他情况	数量	0个	0个	1个	2个	2个	2个
		占比	0.00	0.00	1.75%	1.96%	2.67%	7.41%

从表中数据可以看出，项目质量管理部门独立设置的比率，私营企业项目高于地方国企项目，地方国企项目高于央企项目；特级资质企业项目高于一级及以下资质企业项目；建筑和水利行业项目高于其他行业项目；东部地区项目明显高于其他地区项目；施工总承包项目高于工程总承包 EPC 项目，工程总承包 EPC 项目高于专业分包项目，专业分包项目高于 PPP 项目；造价越高，质量管理部门单独设置的比率越大；工期在 24 个月到 36 个月的项目数量最多，独立设置质量管理部门的比率也最大。

PPP 项目较其他承包模式，承担了部分原由建设单位负责的工作，如投资、设计、运营等，因此在项目公司层面管理架构上，单独设置质量管理部门的比率降低。

三、项目管理制度制定权限

项目部管理制度制定权限，由企业负责起草制定的 109 个，占比 33.85%，同比 2022 年调研报告降低 14.61%；由项目部起草，企业审批的 60 个，占比 18.63%，同比 2022 年调研报告降低 4.45%；由项目部起草制定的 153 个，占比 47.52%，较上一调研周期提高了 19.06%。

1. 按照项目所属企业性质分析（表 3.2-17）

表 3.2-17

类别			央企	地方国企	私营企业
	数量		207 个	90 个	25 个
项目管理制度制定权限情况	企业起草审批	数量	63 个	36 个	10 个
		占比	30.43%	40.00%	40.00%
	项目部起草企业审批	数量	30 个	22 个	8 个
		占比	14.49%	24.44%	32.00%
	项目部起草审批	数量	114 个	32 个	7 个
		占比	55.07%	35.56%	28.00%

2. 按照项目所属企业资质分析（表 3.2-18）

表 3.2-18

类别			特级	一级以下
	数量		205 个	117 个
项目管理制度制定权限情况	企业起草审批	数量	66 个	43 个
		占比	32.20%	36.75%

续表

类别			特级	一级以下
项目管理制度制定权限情况	项目部起草企业审批	数量	34 个	26 个
		占比	16.59%	22.22%
	项目部起草审批	数量	105 个	48 个
		占比	51.22%	41.03%

3. 按照项目所属行业分析（表3.2-19）

表3.2-19

类别			建筑工程	交通工程	市政公用工程	工业工程	水利工程
	数量		163 个	64 个	57 个	30 个	8 个
项目管理制度制定权限情况	企业起草审批	数量	72 个	12 个	17 个	6 个	2 个
		占比	44.17%	18.75%	29.82%	20.00%	25.00%
	项目部起草企业审批	数量	35 个	9 个	11 个	4 个	1 个
		占比	21.47%	14.06%	19.30%	13.33%	12.50%
	项目部起草审批	数量	56 个	43 个	29 个	20 个	5 个
		占比	34.36%	67.19%	50.88%	66.67%	62.50%

4. 按照项目所在地域分析（表3.2-20）

表3.2-20

类别			东部地区	西部地区	中部地区	东北地区
	数量		167 个	83 个	56 个	16 个
项目管理制度制定权限情况	企业起草审批	数量	64 个	30 个	7 个	8 个
		占比	38.32%	36.14%	12.50%	50.00%
	项目部起草企业审批	数量	32 个	13 个	13 个	2 个
		占比	19.16%	15.66%	23.21%	12.50%
	项目部起草审批	数量	71 个	40 个	36 个	6 个
		占比	42.51%	48.19%	64.29%	37.50%

5. 按照项目承包模式分析（表3.2-21）

表3.2-21

类别	PPP 项目	工程总承包 EPC	施工总承包	专业分包
数量	19 个	81 个	205 个	17 个

续表

类别			PPP 项目	工程总承包 EPC	施工总承包	专业分包
项目管理制度制定权限情况	企业起草审批	数量	9 个	23 个	74 个	3 个
		占比	47.37%	28.40%	36.10%	17.65%
	项目部起草企业审批	数量	3 个	16 个	36 个	5 个
		占比	15.79%	19.75%	17.56%	29.41%
	项目部起草审批	数量	7 个	42 个	95 个	9 个
		占比	36.84%	51.85%	46.34%	52.94%

6. 按照项目质量目标分析（表 3.2-22）

表 3.2-22

类别			国家级工程质量奖	省部级工程质量奖	合格（含地市级工程质量奖）
	数量		95 个	107 个	120 个
项目管理制度制定权限情况	企业起草审批	数量	30 个	30 个	49 个
		占比	31.58%	28.04%	40.83%
	项目部起草企业审批	数量	13 个	21 个	26 个
		占比	13.68%	19.63%	21.67%
	项目部起草审批	数量	52 个	56 个	45 个
		占比	54.74%	52.34%	37.50%

7. 按照项目工程造价分析（表 3.2-23）

表 3.2-23

类别			20 亿元（含）以上	10 亿元（含）至 20 亿元	5 亿元（含）至 10 亿元	2 亿元（含）至 5 亿元	0.5 亿元（含）至 2 亿元	0.5 亿元以下
	数量		42 个	56 个	74 个	80 个	50 个	20 个
项目管理制度制定权限情况	企业起草审批	数量	9 个	18 个	24 个	31 个	17 个	10 个
		占比	21.43%	32.14%	32.43%	38.75%	34.00%	50.00%
	项目部起草企业审批	数量	5 个	7 个	16 个	18 个	12 个	2 个
		占比	11.90%	12.50%	21.62%	22.50%	24.00%	10.00%
	项目部起草审批	数量	28 个	31 个	34 个	31 个	21 个	8 个
		占比	66.67%	55.36%	45.95%	38.75%	42.00%	40.00%

8. 按照项目工期分析（表 3.2-24）

表 3.2-24

类别			60个月（含）以上	48个月（含）至60个月	36个月（含）至48个月	24个月（含）至36个月	12个月（含）至24个月	12个月以下
数量			25个	36个	57个	102个	75个	27个
项目管理制度制定权限情况	企业起草审批	数量	6个	10个	17个	42个	25个	9个
		占比	24.00%	27.78%	29.82%	41.18%	33.33%	33.33%
	项目部起草企业审批	数量	4个	4个	10个	17个	18个	7个
		占比	16.00%	11.11%	17.54%	16.67%	24.00%	25.93%
	项目部起草审批	数量	15个	22个	30个	43个	32个	11个
		占比	60.00%	61.11%	52.63%	42.16%	42.67%	40.74%

从以上数据可以看出，与2022年调研报告相比，由项目部起草制定管理制度的项目占比有了显著提升，与所属企业性质、资质、地区、行业、造价和工期没有明显关联，反映出项目部的管理能力和专业化水平在不断提升，在公司完善的制度框架下赋予项目的管理权限逐渐变大。项目管理制度制定权限在不同的企业性质中表现形式不同，央企相较于地方国企和私营企业更愿意采用项目部起草审批的方式，地方国企和私营企业则更愿意采用企业起草审批的方式。

四、项目质量管理组织架构和流程的合理性、规范性、覆盖面分析

通常情况下，项目的组织机构根据企业内部管理制度，结合项目的实际情况设置；质量管理流程根据国家、地方的相关政策法规、标准、规范而定。项目质量管理组织架构和流程，既要体现强制性、规范性，也要体现合理性、灵活性，不仅要适应企业和项目的管理需求，还要满足各方和工程实际需要。调研样本中，约三分之二的项目部提供了项目组织机构框图，约三分之一的项目部提供了项目质量管理基本流程框图。

特点一：项目组织机构的层级多少，与企业和项目规模相关，但都能合理地反映企业质量管理需求。大部分企业采用质量保证体系来表述企业质量管理的基本构架，主要包括组织保证、制度保证、经济保证、质量监督检查保证、施工保证、安全保证、思想保证、技术保证等，全员、全过程、全要素地覆盖质量管理各方面。

特点二：项目提供的多数是整体的管理流程，部分项目又按质量形成规律或过程来划分具体质量管理程序，并按质量管理程序制订多个详细的质量管理流程。较好的

企业在制定质量管理手册基础上，将具体的质量管理程序流程化、规范化、信息化。其公司所属项目虽然所在地不同，性质不同，但是不同项目部提供的主要质量管理流程基本是相同的，这也反映了该类企业管理的标准化程度比较高。

1. 质量管理组织架构和流程方面部分典型做法

1）典型做法一

一是项目部建立了完善的组织机构，包括项目班子、部门和岗位，如质量总监、总工程师、副经理等，能够落实企业质量管理体系要求和企业制度。二是项目经理处于项目质量管理第一责任人位置。三是建立了较为完善的项目质量监督体系。四是建立了完善的质量保证体系，合理设置管理部门和岗位，覆盖"人机料法环"各质量要素，还特别明确了资料员、试验员、测量员等多数项目容易忽视的岗位。五是将质保体系也下沉到了各分包队伍，如图 3.2-1 所示。

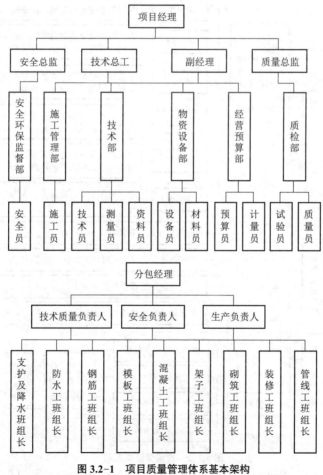

图 3.2-1 项目质量管理体系基本架构

（资料来源：中交一公局集团有限公司"高新香河景园 EPC 项目"）

2）典型做法二

一是项目部根据质量保证体系，分别对组织保证、制度保证、施工保证进行了细化，同时组织保证结合专业类别，对职责进行了描述，能够简单、直截了当地反映专业职责。二是施工保证又对工序质检、质量检验，从材料构件设备核验、工序质量检验、分部分项工程及单位工程质量检验等进行了明确，保证产品质量，如图3.2-2所示。同时，以工序质量管理为核心建立了项目质量基本流程，确保实体质量。如图3.2-3所示。

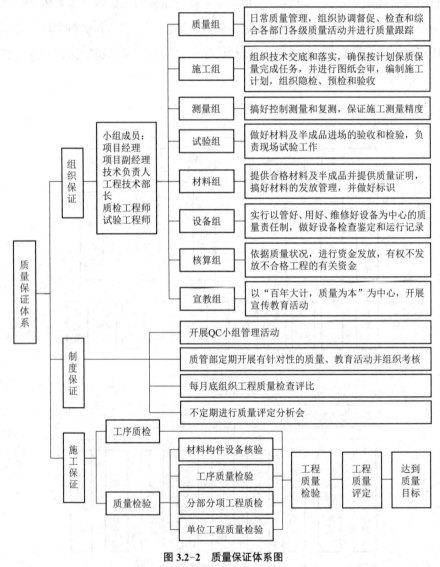

图 3.2-2　质量保证体系图

（资料来源：中铁十一局集团有限公司"青岛市地铁9号线一期工程土建施工2标段03工区"项目）

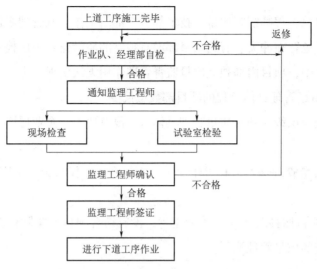

图 3.2-3　项目管理流程图（一）

（资料来源：中铁十一局集团有限公司"青岛市地铁9号线一期工程土建施工2标段03工区"项目）

3）典型做法三

有的项目从"人机料法环"质量要素的准备工作开始，制订了项目质量管理流程，保证了产品质量，如图3.2-4所示。

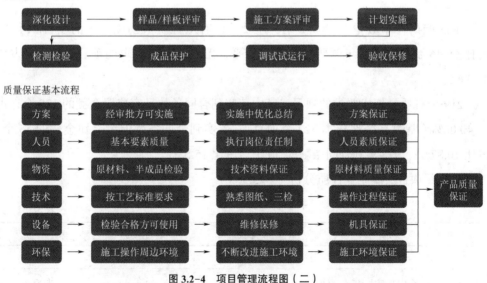

图 3.2-4　项目管理流程图（二）

（资料来源：北京城建五建设集团有限公司"丰台小屯项目"）

2. 项目质量管理组织架构和流程方面的共性问题与不足

（1）项目质量管理体系设置过于流程化，项目职能分工不合理。

多数项目以总工程师统管质量、技术等多个部门工作,既管理质量要素也管理质量监督检查,角色存在冲突。有的项目部没有独立的质量监督(质检)部门,相关职能设置在工程部中,项目内部独立质量监督管理作用无法实现。

(2)提供质量管理具体流程的项目部数量偏少。

有的项目企业层级对项目质量管理具体流程没有要求,企业层面对标准化管理需要加强。

部分项目质量管理基本流程过于简单,不够完善,仅有施工工序质量控制流程,没有其他流程。

(3)有的项目照抄公司质量管理流程,没有结合项目的实际情况有针对性地建立与项目相适应的质量管理流程。

第三节 项目质量目标设定与策划分析

一、建设单位对项目质量创优要求分析

本次调研样本数量共计322个,建设单位有工程质量创优要求的项目214个,占比66.46%,与2022年调研报告基本持平;无质量创优要求的项目108个,占比33.54%。

219个有质量创优要求的项目,其中落实到合同条款且有奖罚金额的129个,占比40.06%(基数是全部样本322个项目);落实到合同条款但无奖罚金额的35个,占比10.87%;未落实到合同条款的50个,占比15.53%。

1. 按照项目所属企业性质分析(表3.3-1)

表3.3-1

类别			央企	地方国企	私营企业
数量			207个	90个	25个
建设单位对项目质量创优要求情况	合同有要求且有奖惩	数量	87个	33个	9个
		占比	42.03%	36.67%	36.00%
	合同有要求但无奖惩	数量	23个	8个	4个
		占比	11.11%	8.89%	16.00%

续表

类别			央企	地方国企	私营企业
建设单位对项目质量创优要求情况	有要求但未落实到合同	数量	31个	14个	5个
		占比	14.98%	15.56%	20.00%
	无质量创优要求	数量	66个	35个	7个
		占比	31.88%	38.89%	28.00%

2. 按照项目所属企业资质分析（表3.3-2）

表3.3-2

类别			特级	一级以下
数量			205个	117个
建设单位对项目质量创优要求情况	合同有要求且有奖惩	数量	87个	42个
		占比	42.44%	35.90%
	合同有要求但无奖惩	数量	25个	10个
		占比	12.20%	8.55%
	有要求但未落实到合同	数量	34个	16个
		占比	16.59%	13.68%
	无质量创优要求	数量	59个	49个
		占比	28.78%	41.88%

3. 按照项目所属行业分析（表3.3-3）

表3.3-3

类别			建筑工程	交通工程	市政公用工程	工业工程	水利工程
数量			163个	64个	57个	30个	8个
建设单位对项目质量创优要求情况	合同有要求且有奖惩	数量	68个	29个	20个	9个	3个
		占比	41.72%	45.31%	35.09%	30.00%	37.50%
	合同有要求但无奖惩	数量	13个	7个	7个	5个	3个
		占比	7.98%	10.94%	12.28%	16.67%	37.50%
	有要求但未落实到合同	数量	19个	16个	12个	2个	1个
		占比	11.66%	25.00%	21.05%	6.67%	12.50%
	无质量创优要求	数量	63个	12个	18个	14个	1个
		占比	38.65%	18.75%	31.58%	46.67%	12.50%

4. 按照项目所在地域分析（表3.3-4）

表3.3-4

类别			东部地区	西部地区	中部地区	东北地区
数量			167个	83个	56个	16个
建设单位对项目质量创优要求情况	合同有要求且有奖惩	数量	71个	36个	20个	2个
		占比	42.51%	43.37%	35.71%	12.50%
	合同有要求但无奖惩	数量	16个	10个	7个	2个
		占比	9.58%	12.05%	12.50%	12.50%
	有要求但未落实到合同	数量	22个	15个	10个	3个
		占比	13.17%	18.07%	17.86%	18.75%
	无质量创优要求	数量	58个	22个	19个	9个
		占比	34.73%	26.51%	33.93%	56.25%

5. 按照项目承包模式分析（表3.3-5）

表3.3-5

类别			PPP项目	工程总承包EPC	施工总承包	专业分包
数量			19个	81个	205个	17个
建设单位对项目质量创优要求情况	合同有要求且有奖惩	数量	6个	29个	87个	7个
		占比	31.58%	35.80%	42.44%	41.18%
	合同有要求但无奖惩	数量	3个	11个	19个	2个
		占比	15.79%	13.58%	9.27%	11.76%
	有要求但未落实到合同	数量	5个	9个	33个	3个
		占比	26.32%	11.11%	16.10%	17.65%
	无质量创优要求	数量	5个	32个	66个	5个
		占比	26.32%	39.51%	32.20%	29.41%

6. 按照项目质量目标分析（表3.3-6）

表3.3-6

类别			国家级工程质量奖	省部级工程质量奖	合格（含地市级工程质量奖）
数量			95个	107个	120个
建设单位对项目质量创优要求情况	合同有要求且有奖惩	数量	54个	42个	33个
		占比	56.84%	39.25%	27.50%
	合同有要求但无奖惩	数量	16个	15个	4个
		占比	16.84%	14.02%	3.33%

续表

类别			国家级工程质量奖	省部级工程质量奖	合格（含地市级工程质量奖）
建设单位对项目质量创优要求情况	有要求但未落实到合同	数量	15个	20个	15个
		占比	15.79%	18.69%	12.50%
	无质量创优要求	数量	10个	30个	68个
		占比	10.53%	28.04%	56.67%

7. 按照项目工程造价分析（表3.3-7）

表3.3-7

类别			20亿元（含）以上	10亿元（含）至20亿元	5亿元（含）至10亿元	2亿元（含）至5亿元	0.5亿元（含）至2亿元	0.5亿元以下
数量			42个	56个	74个	80个	50个	20个
建设单位对项目质量创优要求情况	合同有要求且有奖惩	数量	16个	30个	32个	33个	13个	5个
		占比	38.10%	53.57%	43.24%	41.25%	26.00%	25.00%
	合同有要求但无奖惩	数量	5个	6个	9个	10个	4个	1个
		占比	11.90%	10.71%	12.16%	12.50%	8.00%	5.00%
	有要求但未落实到合同	数量	9个	10个	12个	7个	9个	3个
		占比	21.43%	17.86%	16.22%	8.75%	18.00%	15.00%
	无质量创优要求	数量	12个	10个	21个	30个	24个	11个
		占比	28.57%	17.86%	28.38%	37.50%	48.00%	55.00%

8. 按照项目工期分析（表3.3-8）

表3.3-8

类别			60个月（含）以上	48个月（含）至60个月	36个月（含）至48个月	24个月（含）至36个月	12个月（含）至24个月	12个月以下
数量			25个	36个	57个	102个	75个	27个
建设单位对项目质量创优要求情况	合同有要求且有奖惩	数量	14个	11个	35个	42个	20个	7个
		占比	56.00%	30.56%	61.40%	41.18%	26.67%	25.93%
	合同有要求但无奖惩	数量	4个	7个	6个	8个	9个	1个
		占比	16.00%	19.44%	10.53%	7.84%	12.00%	3.70%
	有要求但未落实到合同	数量	4个	10个	3个	19个	11个	3个
		占比	16.00%	27.78%	5.26%	18.63%	14.67%	11.11%
	无质量创优要求	数量	3个	8个	13个	33个	35个	16个
		占比	12.00%	22.22%	22.81%	32.35%	46.67%	59.26%

从数据可以看出，超过三分之二的建设单位明确提出了工程质量要求，超过五分之二的建设单位明确将质量要求写入合同，并约定奖惩措施，这表明建设单位越来越重视工程质量，质量第一意识不断加强，建设单位明确的质量目标有利于带动关联企业提高工程质量水平，明确的奖惩措施又给予了施工单位提高工程质量的强大动力。从数据也可以看出，质量目标越高的项目，合同约定奖惩措施的比率也越大。

二、施工单位主动提高质量目标情况分析

工程承包合同没有明确创优要求（包括建设单位有创优要求但未落实到合同条款和无质量创优要求）的项目158个。其中，施工单位主动将质量目标调高，设定创建省部级及以上工程质量奖的项目75个，占比47.47%（其中质量目标为省部级工程质量奖的项目50个，占比31.65%；质量目标为国家级工程质量奖的项目25个，占比15.82%），与2022年调研报告数据基本持平。

按项目工程造价，分析项目质量目标（表3.3-9）

表3.3-9

类别			20亿元（含）以上	10亿元（含）至20亿元	5亿元（含）至10亿元	2亿元（含）至5亿元	0.5亿元（含）至2亿元	0.5亿元以下
数量			21个	20个	33个	37个	33个	14个
项目质量目标设定情况	国家级工程质量奖	数量	6个	9个	16个	2个	6个	2个
		占比	28.57%	45.00%	48.48%	5.41%	18.18%	14.29%
	省部级工程质量奖	数量	10个	6个	4个	1个	1个	1个
		占比	47.62%	30.00%	12.12%	2.70%	3.03%	7.14%
合计占比			76.19%	75.00%	60.61%	8.11%	21.21%	21.43%

从表中数据可以看出，在合同没有明确创优要求的情况下，近半数施工单位将项目质量目标主动设定为省部级及以上工程质量奖，与项目本身工程造价关系紧密，造价越高，质量目标设定为省部级及以上工程质量奖的比率越大。一方面可以看出施工企业有浓厚的质量创优氛围及创优需求，不想错失有一定规模项目的创优机会；另一方面也可以看出施工企业质量意识不断增强，推动行业高质量发展不断向前迈进。

三、项目质量目标设定分析

全部样本322个项目，质量目标设定为国家级工程质量奖的95个，占比29.50%；设定为省部级工程质量奖的107个，占比33.23%；设定为合格和地市级优质工程奖的120个，占比37.27%；整体情况与2022年调研报告基本一致。

1. 按照项目所属企业性质分析（表3.3-10）

表3.3-10

类别			央企	地方国企	私营企业
数量			207个	90个	25个
项目质量目标设定情况	国家级工程质量奖	数量	74个	21个	0个
		占比	35.75%	23.33%	0.00
	省部级工程质量奖	数量	71个	29个	7个
		占比	34.30%	32.22%	28.00%
	合格	数量	62个	40个	18个
		占比	29.95%	44.44%	72.00%

2. 按照项目所属企业资质分析（表3.3-11）

表3.3-11

类别			特级	一级以下
数量			205个	117个
项目质量目标设定情况	国家级工程质量奖	数量	77个	18个
		占比	37.56%	15.38%
	省部级工程质量奖	数量	67个	40个
		占比	32.68%	34.19%
	合格	数量	61个	59个
		占比	29.76%	50.43%

3. 按照项目所属行业分析（表3.3-12）

表3.3-12

类别			建筑工程	交通工程	市政公用工程	工业工程	水利工程
数量			163个	64个	57个	30个	8个
项目质量目标设定情况	国家级工程质量奖	数量	35个	28个	20个	8个	4个
		占比	21.47%	43.75%	35.09%	26.67%	50.00%

续表

类别			建筑工程	交通工程	市政公用工程	工业工程	水利工程
项目质量目标设定情况	省部级工程质量奖	数量	54个	27个	17个	8个	1个
		占比	33.13%	42.19%	29.82%	26.67%	12.50%
	合格	数量	74个	9个	20个	14个	3个
		占比	45.40%	14.06%	35.09%	46.67%	37.50%

4. 按照项目所在地域分析（表3.3-13）

表3.3-13

类别			东部地区	西部地区	中部地区	东北地区
数量			167个	83个	56个	16个
项目质量目标设定情况	国家级工程质量奖	数量	50个	23个	21个	1个
		占比	29.94%	27.71%	37.50%	6.25%
	省部级工程质量奖	数量	59个	32个	12个	4个
		占比	35.33%	38.55%	21.43%	25.00%
	合格	数量	58个	28个	23个	11个
		占比	34.73%	33.73%	41.07%	68.75%

5. 按照项目承包模式分析（表3.3-14）

表3.3-14

类别			PPP项目	工程总承包EPC	施工总承包	专业分包
数量			19个	81个	205个	17个
项目质量目标设定情况	国家级工程质量奖	数量	4个	25个	58个	8个
		占比	21.05%	30.86%	28.29%	47.06%
	省部级工程质量奖	数量	10个	27个	67个	3个
		占比	52.63%	33.33%	32.68%	17.65%
	合格	数量	5个	29个	80个	6个
		占比	26.32%	35.80%	39.02%	35.29%

6. 按照项目工程造价分析（表3.3-15）

表3.3-15

类别	20亿元（含）以上	10亿元（含）至20亿元	5亿元（含）至10亿元	2亿元（含）至5亿元	0.5亿元（含）至2亿元	0.5亿元以下
数量	42个	56个	74个	80个	50个	20个

续表

类别			20亿元（含）以上	10亿元（含）至20亿元	5亿元（含）至10亿元	2亿元（含）至5亿元	0.5亿元（含）至2亿元	0.5亿元以下
项目质量目标设定情况	国家级工程质量奖	数量	26个	28个	20个	16个	4个	1个
		占比	61.90%	50.00%	27.03%	20.00%	8.00%	5.00%
	省部级工程质量奖	数量	11个	20个	33个	27个	13个	3个
		占比	26.19%	35.71%	44.59%	33.75%	26.00%	15.00%
	合格	数量	5个	8个	21个	37个	33个	16个
		占比	11.90%	14.29%	28.38%	46.25%	66.00%	80.00%

7. 按照项目工期分析（表3.3-16）

表 3.3-16

类别			60个月（含）以上	48个月（含）至60个月	36个月（含）至48个月	24个月（含）至36个月	12个月（含）至24个月	12个月以下
	数量		25个	36个	57个	102个	75个	27个
项目质量目标设定情况	国家级工程质量奖	数量	13个	19个	24个	26个	11个	2个
		占比	52.00%	52.78%	42.11%	25.49%	14.67%	7.41%
	省部级工程质量奖	数量	9个	14个	20个	32个	25个	7个
		占比	36.00%	38.89%	35.09%	31.37%	33.33%	25.93%
	合格	数量	3个	3个	13个	44个	39个	18个
		占比	12.00%	8.33%	22.81%	43.14%	52.00%	66.67%

从数据可以看出，项目质量目标设定为省部级及以上工程质量奖的比率，央企承接的项目高于地方国企，地方国企承接的项目高于私营企业；特级资质企业承接的项目高于一级及以下资质；与项目工程造价和工期成正比，造价越高，工期越长，质量目标设定越高。这也表明央企和特级企业在市场竞争中承接的项目资源较为优质，更具备创高优的条件。

四、项目质量策划分析

322个项目样本中，进行了整体质量策划并编制了单独文件的项目数量306个，占比95.03%，其中，进一步编制了分阶段（分部工程）的实体质量策划文件的项目数量214个，占比66.46%。从数据结果可以看出，质量策划工作在项目层面得到了有效落实，获得了项目部的重视。

第四节

项目质量管理资源投入分析

一、项目管理人员投入情况分析

项目管理人员投入强度是由企业管理制度、项目类型、规模、工期、造价、不同施工阶段等诸多因素决定的。管理人员投入强度直接决定了项目管理精细程度，对工程质量安全起着决定性作用。不考虑其他因素影响，我们尝试从每亿元造价投入的月均管理人员数量、检验类（质检员、试验员）人员数量、施工类（施工员、技术员、预算员、安全员、测量员、材料员、机械员、劳务员、资料员）人员数量三个角度对样本进行分析。

采集样本共322个，平均每个项目月均投入的管理人员数量为38.53人，较2022年的36.47人增加了5.65%。平均每亿元造价投入的月均管理人员数量为3.84人（加权值），较2022年调研报告的5.13人降低25.15%（本期调研项目平均造价为10.03亿元，2022年调研项目平均造价为7.11亿元）；平均每亿元造价投入的月均检验监督人员数量为0.53人；平均每亿元造价投入的月均施工类人员数量为2.42人。

1. 项目月平均投入管理人员数量分布情况（表3.4-1，均值：38.53人，中位数：30人）

表 3.4-1

类别	100人（含）以上	50人（含）至100人	30人（含）至50人	20人（含）至30人	10人（含）至20人	10人以下
项目数量	19个	47个	98个	73个	60个	25个
占比	5.90%	14.60%	30.43%	22.67%	18.63%	7.76%

2. 每亿元造价月均投入管理人员数量分布情况（表3.4-2，加权均值：3.84人/亿元，均值：20.76人/亿元，中位数：5.43人/亿元。表头分类区间后缀单位：人/亿元）

表 3.4-2

类别	40（含）以上	20（含）至40	10（含）至20	6（含）至10	3（含）至6	3以下
项目数量	19个	22个	37个	62个	109个	73个
占比	5.90%	6.83%	11.49%	19.25%	33.85%	22.67%

3. 每亿元造价月均投入检验类人员数量分布情况（表3.4-3，加权均值：0.53人/亿元，均值：2.99人/亿元，中位数：0.63人/亿元。表头分类区间后缀单位：人/亿元）

表 3.4-3

类别	10（含）以上	3（含）至10	2（含）至3	1（含）至2	1以下
项目数量	12个	15个	20个	57个	218个
占比	3.73%	4.66%	6.21%	17.70%	67.70%

4. 每亿元造价月均投入施工类人员数量分布情况（表3.4-4，加权均值：2.42人/亿元，均值：11.71人/亿元，中位数：3.29人/亿元。表头分类区间后缀单位：人/亿元）

表 3.4-4

类别	20（含）以上	12（含）至20	8（含）至12	6（含）至8	4（含）至6	2（含）至4	2以下
项目数量	23个	20个	18个	25个	41个	111个	84个
占比	7.14%	6.21%	5.59%	7.76%	12.73%	34.47%	26.09%

5. 按照项目企业性质分析月均管理人员投入强度（表3.4-5）

表 3.4-5

类别	央企	地方国企	私营企业
数量	207个	90个	25个
平均每个项目月均管理人员数量	43.78人	30.09人	25.44人
平均项目造价	12.49亿元	6.71亿元	1.57亿元
每亿元月均管理人员投入强度	3.51人/亿元	4.49人/亿元	16.19人/亿元
每亿元月均检验类人员投入强度	0.48人/亿元	0.67人/亿元	1.93人/亿元
每亿元月均施工类人员投入强度	2.20人/亿元	2.85人/亿元	10.33人/亿元

6. 按照项目企业资质分析月均管理人员投入强度（表3.4-6）

表 3.4-6

类别	特级	一级及以下
数量	205个	117个
平均每个项目月均管理人员数量	44.48人	28.10人
平均项目造价	12.19亿元	6.26亿元
每亿元月均管理人员投入强度	3.65人/亿元	4.49人/亿元

续表

类别	特级	一级及以下
每亿元月均检验类人员投入强度	0.50 人/亿元	0.64 人/亿元
每亿元月均施工类人员投入强度	2.31 人/亿元	2.81 人/亿元

7. 按照项目所属行业分析月均管理人员投入强度（表3.4-7）

表3.4-7

类别	建筑工程	交通工程	市政公用工程	工业工程	水利工程
数量	163个	64个	57个	30个	8个
平均每个项目月均管理人员数量	28.38人	70.36人	33.18人	34.03人	45.63人
平均项目造价	6.55亿元	13.98亿元	11.29亿元	14.85亿元	22.16亿元
每亿元月均管理人员投入强度	4.33人/亿元	5.03人/亿元	2.94人/亿元	2.29人/亿元	2.29人/亿元
每亿元月均检验类人员投入强度	0.56人/亿元	0.78人/亿元	0.32人/亿元	0.36人/亿元	0.32人/亿元
每亿元月均施工类人员投入强度	2.70人/亿元	3.16人/亿元	1.90人/亿元	1.42人/亿元	1.35人/亿元

8. 按照项目所在地域分析月均管理人员投入强度（表3.4-8）

表3.4-8

类别	东部地区	西部地区	中部地区	东北地区
数量	167个	83个	56个	16个
平均每个项目月均管理人员数量	36.75人	43.29人	41.55人	21.81人
平均项目造价	9.69亿元	10.21亿元	12.61亿元	3.58亿元
每亿元月均管理人员投入强度	3.79人/亿元	4.24人/亿元	3.30人/亿元	6.09人/亿元
每亿元月均检验类人员投入强度	0.48人/亿元	0.65人/亿元	0.46人/亿元	1.29人/亿元
每亿元月均施工类人员投入强度	2.41人/亿元	2.72人/亿元	2.02人/亿元	3.30人/亿元

9. 按照项目承包模式分析月均管理人员投入强度（表3.4-9）

表3.4-9

类别	PPP项目	工程总承包EPC	施工总承包	专业分包
数量	19个	81个	205个	17个

续表

类别	PPP 项目	工程总承包 EPC	施工总承包	专业分包
平均每个项目月均管理人员数量	36.75 人	43.29 人	41.54 人	26.82 人
平均项目造价	19.65 亿元	12.70 亿元	8.67 亿元	2.90 亿元
每亿元月均管理人员投入强度	2.26 人/亿元	2.52 人/亿元	4.79 人/亿元	9.25 人/亿元
每亿元月均检验类人员投入强度	0.32 人/亿元	0.34 人/亿元	0.67 人/亿元	1.34 人/亿元
每亿元月均施工类人员投入强度	1.12 人/亿元	1.56 人/亿元	3.09 人/亿元	6.06 人/亿元

10. 按项目质量目标分析月均管理人员投入强度（表 3.4-10）

表 3.4-10

类别	国家级工程质量奖	省部级工程质量奖	合格（含地市级工程质量奖）
数量	95 个	107 个	120 个
平均每个项目月均管理人员数量	54.78 人	40.16 人	24.21 人
平均项目造价	17.33 亿元	8.63 亿元	5.49 亿元
每亿元月均管理人员投入强度	3.16 人/亿元	4.65 人/亿元	4.41 人/亿元
每亿元月均检验类人员投入强度	0.42 人/亿元	0.69 人/亿元	0.59 人/亿元
每亿元月均施工类人员投入强度	2.02 人/亿元	2.94 人/亿元	2.68 人/亿元

11. 按项目工程造价分析月均管理人员投入强度（表 3.4-11）

表 3.4-11

类别	20 亿元（含）以上	10 亿元（含）至 20 亿元	5 亿元（含）至 10 亿元	2 亿元（含）至 5 亿元	0.5 亿元（含）至 2 亿元	0.5 亿元以下
数量	42 个	56 个	74 个	80 个	50 个	20 个
平均每个项目月均管理人员数量	79.45 人	49.98 人	36.96 人	24.63 人	23.80 人	18.75 人
平均项目造价	37.11 亿元	14.22 亿元	7.19 亿元	3.49 亿元	1.16 亿元	0.23 亿元
每亿元月均管理人员投入强度	2.14 人/亿元	3.51 人/亿元	5.14 人/亿元	7.06 人/亿元	20.46 人/亿元	81.52 人/亿元
每亿元月均检验类人员投入强度	0.35 人/亿元	0.42 人/亿元	0.74 人/亿元	0.97 人/亿元	2.43 人/亿元	10.00 人/亿元
每亿元月均施工类人员投入强度	1.26 人/亿元	2.30 人/亿元	3.31 人/亿元	4.44 人/亿元	13.57 人/亿元	48.48 人/亿元

从以上数据可以看出，每亿元月均管理人员投入强度特级资质企业低于一级及以下资质企业项目；PPP 项目和工程总承包 EPC 低于施工总承包项目；造价金额大的低于造价金额小的项目。一般来讲，特级资质企业承包的项目、PPP 项目、工程总承包 EPC 项目造价金额较大，施工内容全面，其中，部分施工内容可能由一级及以下资质等企业承包，所以这类项目管理人员人均产值高，投入强度小，本质是较低资质企业或私营企业进行了分担。

二、项目质量管理人员投入情况分析

（一）项目质检员配置和持证情况

配置了专职质检员的项目 274 个，占比 85.09%，同比 2022 年调研报告数据降低 7.04%；仅配置了兼职质检员的项目 45 个，占比 13.98%；未配置质检员项目 3 个，占比 0.93%。样本项目质检员配置及持证情况如表 3.4-12 所示。

表 3.4-12

类别	配置专职质检员		仅配置兼职质检员	
数量	274 个		45 个	
占比	85.09%		13.98%	
持证情况	全部持有上岗证	其他	全部持有上岗证	其他
数量	228 个	46 个	29 个	16 个
占比	83.21%	16.79%	64.44%	35.56%

从数据可以看出，几乎所有项目都配置了质检员，绝大部分项目配置了专职质检员，质检员持证上岗率较高，但仍有少数项目存在质检员没有上岗证的问题，经电话调研一部分为刚毕业的学生从事质检员工作，一部分为项目收尾兼职质检员工作。质检员作为施工质量管理的独立监督环节，对于质量的控制有重要作用，质检员的素质和持证问题项目还需引起重视，加强培训，做到持证上岗。

1. 按项目所属企业性质分析专职、兼职质检员配置情况（表 3.4-13）

表 3.4-13

类别	央企	地方国企	私营企业
数量	207 个	90 个	25 个

续表

类别		央企	地方国企	私营企业
配置专职质检员	数量	169个	82个	23个
	占比	81.64%	91.11%	92.00%
仅配置兼职质检员	数量	35个	8个	2个
	占比	16.91%	8.89%	8.00%

2. 按项目所属企业资质分析专职、兼职质检员配置情况（表3.4-14）

表3.4-14

类别		特级	一级以下
数量		205个	117个
配置专职质检员	数量	178个	96个
	占比	86.83%	82.05%
仅配置兼职质检员	数量	27个	18个
	占比	13.17%	15.38%

3. 按项目所在地域分析专职、兼职质检员配置情况（表3.4-15）

表3.4-15

类别		东部地区	西部地区	中部地区	东北地区
数量		167个	83个	56个	16个
配置专职质检员	数量	143个	75个	42个	14个
	占比	85.63%	90.36%	75.00%	87.50%
仅配置兼职质检员	数量	22个	8个	13个	2个
	占比	13.17%	9.64%	23.21%	12.50%

4. 按项目承包模式分析专职、兼职质检员配置情况（表3.4-16）

表3.4-16

类别		PPP项目	工程总承包EPC	施工总承包	专业分包
数量		19个	81个	205个	17个
配置专职质检员	数量	14个	69个	177个	14个
	占比	73.68%	85.19%	86.34%	82.35%
仅配置兼职质检员	数量	5个	10个	27个	3个
	占比	26.32%	12.35%	13.17%	17.65%

5. 按项目所属行业分析专职、兼职质检员配置情况（表3.4-17）

表3.4-17

类别		建筑工程	交通工程	市政公用工程	工业工程	水利工程
数量		163个	64个	57个	30个	8个
配置专职质检员	数量	152个	51个	41个	22个	8个
	占比	93.25%	79.69%	71.93%	73.33%	100.00%
仅配置兼职质检员	数量	11个	13个	14个	7个	0个
	占比	6.75%	20.31%	24.56%	23.33%	0.00

6. 按项目造价金额分析专职、兼职质检员配置情况（表3.4-18）

表3.4-18

类别		20亿元（含）以上	10亿元（含）至20亿元	5亿元（含）至10亿元	2亿元（含）至5亿元	0.5亿元（含）至2亿元	0.5亿元以下
数量		42个	56个	74个	80个	50个	20个
配置专职质检员	数量	35个	50个	63个	65个	42个	19个
	占比	83.33%	89.29%	85.14%	81.25%	84.00%	95.00%
仅配置兼职质检员	数量	7个	6个	11个	13个	7个	1个
	占比	16.67%	10.71%	14.86%	16.25%	14.00%	5.00%

7. 按项目质量目标分析专职、兼职质检员配置情况（表3.4-19）

表3.4-19

类别		国家级工程质量奖	省部级工程质量奖	合格（含地市级工程质量奖）
数量		95个	107个	120个
配置专职质检员	数量	79个	93个	102个
	占比	83.16%	86.92%	85.00%
仅配置兼职质检员	数量	16个	13个	16个
	占比	16.84%	12.15%	13.33%

（二）项目分包单位配置质检员情况

调研样本中有23个项目无分包单位，选取299个存在分包单位的项目数据进行分析。分包项目配置专职质检员的项目个数107个，占比35.79%；分包项目配置兼职质检员的项目个数 167 个，占比 55.85%；分包项目没有配置质检员的项目个数 25 个，占比 8.36%。

（三）项目特种作业人员持证情况

特种作业人员全部都有操作证书的项目 317 个，占比 98.45%，同比 2022 年调研数据提高 6.52%；特种作业人员半数以上有操作证书的项目有 5 个，占比 1.55%。

依据《中华人民共和国安全生产法（2021 年修正）》第三十条规定："生产经营单位的特种作业人员必须按照国家有关规定经专门的安全作业培训，取得相应资格，方可上岗作业。"从调查结果看，个别项目的少数特种作业人员存在未经培训，无证上岗的情况，存在较大安全隐患。这些项目未表现出明显的工程承包模式、规模大小、地域、行业之间的差异，呈现均匀分布状态。

（四）操作工人技能证书持证情况

有效调研项目问卷数据 221 个，具体操作工人持证情况见表 3.4-20。

表 3.4-20

技能工人持证率	100%	100%～50%（含）	50%～30%（含）	30%～0	0
项目数量	36 个	43 个	29 个	96 个	17 个
占比	16.29%	19.46%	13.12%	43.44%	7.69%

选取操作工人技能证书持证率 100% 的 36 个项目进一步分析，其中央企项目 30 个，占比 83.33%；地方国企项目 3 个，占比 8.33%；私营企业项目 3 个，占比 8.33%。

（五）试验室建设情况

调研样本试验室设置情况如表 3.4-21 所示。

表 3.4-21

类别	设立中心试验室	设立标准试验室	设置标准养护室	无试验室
数量	31 个	62 个	169 个	60 个
占比	9.63%	19.25%	52.48%	18.63%

回访部分未设置标养室的项目，主要原因有两方面：一是因为部分装修、机电、园林项目等不涉及钢筋、混凝土施工；二是部分项目处于收尾阶段，已拆除标准养护

室，按当前实际情况填写。

1. 按项目承包模式分析（表 3.4-22）

表 3.4-22

类别		PPP 项目	工程总承包 EPC	施工总承包	专业分包
项目数量		19 个	81 个	205 个	17 个
设立中心试验室	数量	1 个	7 个	21 个	2 个
	占比	5.26%	8.64%	10.24%	11.76%
设立标准试验室	数量	7 个	11 个	42 个	2 个
	占比	36.84%	13.58%	20.49%	11.76%
设立标准养护室	数量	8 个	45 个	111 个	5 个
	占比	42.11%	55.56%	54.15%	29.41%
无试验室	数量	3 个	18 个	31 个	8 个
	占比	15.79%	22.22%	15.12%	47.06%

2. 按项目所属企业性质分析（表 3.4-23）

表 3.4-23

类别		央企	地方国企	私营企业
项目数量		207 个	90 个	25 个
设立中心试验室	数量	31 个	0 个	0 个
	占比	14.98%	0.00	0.00
设立标准试验室	数量	37 个	23 个	2 个
	占比	17.87%	25.56%	8.00%
设立标准养护室	数量	108 个	54 个	14 个
	占比	52.17%	60.00%	56.00%
无试验室	数量	31 个	13 个	9 个
	占比	14.98%	14.44%	36.00%

3. 按项目所属企业资质分析（表 3.4-24）

表 3.4-24

类别		特级	一级及以下
项目数量		205 个	117 个
设立中心试验室	数量	25 个	6 个
	占比	12.20%	5.13%

续表

类别		特级	一级及以下
设立标准试验室	数量	47个	15个
	占比	22.93%	12.82%
设立标准养护室	数量	109个	60个
	占比	53.17%	51.28%
无试验室	数量	24个	36个
	占比	11.71%	30.77%

4. 按项目所属行业分析（表3.4-25）

表3.4-25

类别		建筑工程	交通工程	市政公用工程	工业工程	水利工程
项目数量		163个	64个	57个	30个	8个
设立中心试验室	数量	3个	20个	2个	4个	2个
	占比	1.84%	31.25%	3.51%	13.33%	25.00%
设立标准试验室	数量	19个	34个	4个	3个	2个
	占比	11.66%	53.13%	7.02%	10.00%	25.00%
设立标准养护室	数量	119个	5个	37个	6个	2个
	占比	73.01%	7.81%	64.91%	20.00%	25.00%
无试验室	数量	22个	5个	14个	17个	2个
	占比	13.50%	7.81%	24.56%	56.67%	25.00%

5. 按项目所在地域分析（表3.4-26）

表3.4-26

类别		东部地区	西部地区	中部地区	东北地区
项目数量		167个	83个	56个	16个
设立中心试验室	数量	9个	13个	9个	0个
	占比	5.39%	15.66%	16.07%	0.00
设立标准试验室	数量	29个	22个	8个	3个
	占比	17.37%	26.51%	14.29%	18.75%
设立标准养护室	数量	107个	30个	24个	8个
	占比	64.07%	36.14%	42.86%	50.00%
无试验室	数量	22个	18个	15个	5个
	占比	13.17%	21.69%	26.79%	31.25%

6. 按项目工程造价分析（表 3.4-27）

表 3.4-27

类别		20亿元（含）以上	10亿元（含）至20亿元	5亿元（含）至10亿元	2亿元（含）至5亿元	0.5亿元（含）至2亿元	0.5亿元以下
项目数量		42个	56个	74个	80个	50个	20个
设立中心试验室	数量	15个	8个	3个	3个	2个	0个
	占比	35.71%	14.29%	4.05%	3.75%	4.00%	0.00
设立标准试验室	数量	10个	13个	23个	9个	6个	1个
	占比	23.81%	23.21%	31.08%	11.25%	12.00%	5.00%
设立标准养护室	数量	11个	31个	44个	52个	21个	10个
	占比	26.19%	55.36%	59.46%	65.00%	42.00%	50.00%
无试验室	数量	6个	4个	4个	16个	21个	9个
	占比	14.29%	7.14%	5.41%	20.00%	42.00%	45.00%

从以上数据可以看出，交通工程设立中心试验室和标准试验室的比例明显高于其他类型工程，这是由行业特点所决定的，交通工程一般为线性工程，投资大，规模大，标段多，试验需求多，设置中心试验室和标准试验室更有利于工程建设。

（六）质量专项资金投入情况

有质量专项资金投入的项目93个，占比28.88%；没有质量专项资金投入的项目229个，占比71.12%。93个有质量专项资金投入的项目中，有84个项目反馈了具体的专项资金投入金额。

针对84个项目进行分析，质量专项资金投入金额最大值为7038.4万元，最小金额为0.55万元，平均值为339.26万元，中位数为140.25万元。质量专项资金投入金额与项目造价的加权（考虑项目造价多少）比值为0.33%；质量专项资金投入与项目造价的比值最高为10.29%，最低为0.001%。

1. 按项目承包模式分析（表 3.4-28）

表 3.4-28

类别	PPP项目		工程总承包EPC		施工总承包		专业分包	
数量	19个		81个		205个		17个	
是否有明确的质量专项资金投入	是	否	是	否	是	否	是	否

续表

类别	PPP 项目		工程总承包 EPC		施工总承包		专业分包	
分项数量	5个	14个	18个	63个	57个	148个	4个	13个
在本类别中占比	26.32%	73.68%	22.22%	77.78%	27.80%	72.20%	23.53%	76.47%
质量专项资金投入平均值	96.35万元	—	337.98万元	—	409.45万元	—	51.5万元	—
质量专项资金投入金额与项目造价的加权比值	0.05%	—	0.20%	—	0.58%	—	0.16%	—

2. 按项目所属企业性质分析（表3.4-29）

表3.4-29

类别	央企		国有地方		私营企业	
数量	207个		90个		25个	
是否有明确的质量专项资金投入	是	否	是	否	是	否
分项数量	51个	156个	26个	64个	7个	18个
在本类别中占比	24.64%	75.36%	28.89%	71.11%	28.00%	72.00%
质量专项资金投入平均值	438.94万元	—	266.08万元	—	115.14万元	—
质量专项资金投入金额与项目造价的加权比值	0.33%	—	0.31%	—	0.51%	—

3. 按项目所属企业资质分析（表3.4-30）

表3.4-30

类别	特级		一级及以下	
数量	205个		117个	
是否有明确的质量专项资金投入	是	否	是	否
分项数量	53个	152个	31个	86个
在本类别中占比	25.85%	74.15%	26.50%	73.50%
质量专项资金投入平均值	447.73万元	—	205.82万元	—
质量专项资金投入金额与项目造价的加权比值	0.32%	—	0.35%	—

4. 按项目所属行业分析（表 3.4-31）

表 3.4-31

类别	建筑工程		交通工程		市政公用工程		工业工程		水利工程	
数量	163个		64个		57个		30个		8个	
是否有明确的质量专项资金投入	是	否	是	否	是	否	是	否	是	否
分项数量	47个	116个	19个	45个	11个	46个	4个	26个	3个	5个
在本类别中占比	28.83%	71.17%	29.69%	70.31%	19.30%	80.70%	13.33%	86.67%	37.50%	62.50%
质量专项资金投入平均值	239.12万元	—	754.89万元	—	154.48万元	—	592.25万元	—	153.33万元	—
质量专项资金投入金额与项目造价的加权比值	0.34%	—	0.55%	—	0.18%	—	0.28%	—	0.03%	—

5. 按项目所在地域分析（表 3.4-32）

表 3.4-32

类别	东部地区		西部地区		中部地区		东北地区	
数量	167个		83个		56个		16个	
是否有明确的质量专项资金投入	是	否	是	否	是	否	是	否
分项数量	41个	126个	26个	57个	14个	42个	3个	13个
在本类别中占比	24.55%	75.45%	31.33%	68.67%	25.00%	75.00%	18.75%	81.25%
质量专项资金投入平均值	403.46万元	—	360.33万元	—	254.12万元	—	214.00万元	—
质量专项资金投入金额与项目造价的加权比值	0.41%	—	0.27%	—	0.24%	—	0.34%	—

从数据可以看出，质量专项资金投入与项目所属企业性质、资质、区域及其所属类型没有明显关联。质量专项资金投入与项目造价的比值在 0.03%~0.58% 之间浮动，同安全文明施工费相比，比例相对较低，一方面是相对于安全文明施工费工程计价有明确的费率标准引导，而质量提升专项投入一般由项目本身质量目标和企业自身要求决定；另一方面可能是填写问卷人员多数为质量管理者，未能准确地将质量投入资金从工程造价中区分出来。

第五节

过程质量控制情况分析

开展 QC 小组活动的项目 233 个,占比 72.36%;未开展 QC 小组活动的项目 89 个,占比 27.64%。233 个开展 QC 小组活动的项目中,有 217 个项目反馈了具体的成果数量。

针对 217 个项目进行分析,项目成果数量最多的为 30 个,平均数为 3.18 个,中位数为 2 个。其中,137 个项目获得了省部级及以上 QC 成果,项目获得省部级及以上 QC 成果数量最多的为 25 个,平均数为 3.25 个,中位数为 1 个。

一、项目 QC 活动开展情况(表 3.5-1)

表 3.5-1

类别	开展	不开展
数量	233 个	89 个
占比	72.36%	27.64%
平均成果数量	3.18 个	—
获得省部级及以上成果项目数量	137 个	—
占比	58.80%	—
省部级及以上成果平均数	3.25 个	—

1. 按项目承包模式分析(表 3.5-2)

表 3.5-2

类别		PPP 项目	工程总承包 EPC	施工总承包	专业分包
项目数量		19 个	81 个	205 个	17 个
开展 QC 小组活动	数量	17 个	56 个	138 个	6 个
	占比	89.47%	69.14%	67.32%	35.29%
	平均成果数量	3.65 个	3.25 个	3.14 个	1.83 个
	获得省部级及以上成果项目数量	11 个	38 个	84 个	4 个
	占比	57.89%	46.91%	40.98%	23.53%
	省部级及以上成果平均数量	4.18 个	3.05 个	3.30 个	1.50 个

续表

类别		PPP项目	工程总承包EPC	施工总承包	专业分包
未开展QC小组活动	数量	2个	25个	67个	11个
	占比	10.53%	30.86%	32.68%	64.71%

2. 按项目所属企业性质分析（表3.5-3）

表3.5-3

类别		央企	地方国企	私营企业
项目数量		207个	90个	25个
开展QC小组活动	数量	155个	56个	6个
	占比	74.88%	62.22%	24.00%
	平均成果数量	2.35个	2.34个	2.83个
	获得省部级及以上成果项目数量	101个	32个	4个
	占比	48.79%	35.56%	16.00%
	省部级及以上成果平均数量	3.60个	2.22个	2.5个
未开展QC小组活动	数量	52个	34个	19个
	占比	25.12%	37.78%	76.00%

3. 按项目所属企业资质分析（表3.5-4）

表3.5-4

类别		特级	一级及以下
项目数量		205个	117个
开展QC小组活动	数量	158个	59个
	占比	77.07%	50.43%
	平均成果数量	3.51个	2.29个
	获得省部级及以上成果项目数量	103个	34个
	占比	50.24%	29.06%
	省部级及以上成果平均数量	3.57个	2.26个
未开展QC小组活动	数量	47个	58个
	占比	22.93%	49.57%

4. 按项目所属行业分析（表3.5-5）

表3.5-5

类别		建筑	交通工程	市政公用	工业工程	水利工程
项目数量		163个	64个	57个	30个	8个
开展QC小组活动	数量	114个	43个	39个	17个	4个
	占比	69.94%	67.19%	68.42%	56.67%	50.00%
	平均成果数量	3.22个	3.09个	3.46个	2.41个	3.5个
	获得省部级及以上成果项目数量	76个	24个	28个	6个	3个
	占比	46.63%	37.50%	49.12%	20.00%	37.50%
	省部级及以上成果平均数量	3.30个	3.08个	3.43个	2.50个	3.00个
未开展QC小组活动	数量	49个	21个	18个	13个	4个
	占比	30.06%	32.81%	31.58%	43.33%	50.00%

5. 按项目所在地域分析（表3.5-6）

表3.5-6

类别		东部地区	西部地区	中部地区	东北地区
项目数量		167个	83个	56个	16个
开展QC小组活动	数量	125个	54个	33个	5个
	占比	74.85%	65.06%	58.93%	31.25%
	平均成果数量	3.40个	3.00个	2.88个	1.4个
	获得省部级及以上成果项目数量	85个	31个	18个	3个
	占比	50.90%	37.35%	32.14%	18.75%
	省部级及以上成果平均数量	3.29个	3.06个	3.67个	1.33个
未开展QC小组活动	数量	42个	29个	23个	11个
	占比	25.15%	34.94%	41.07%	68.75%

6. 按项目工程造价分析（表3.5-7）

表3.5-7

类别	20亿元（含）以上	10亿元（含）至20亿元	5亿元（含）至10亿元	2亿元（含）至5亿元	0.5亿元（含）至2亿元	0.5亿元以下
项目数量	42个	56个	74个	80个	50个	20个

续表

类别		20亿元（含）以上	10亿元（含）至20亿元	5亿元（含）至10亿元	2亿元（含）至5亿元	0.5亿元（含）至2亿元	0.5亿元以下
开展QC小组活动	数量	31个	42个	59个	52个	28个	5个
	占比	73.81%	75.00%	79.73%	65.00%	56.00%	25.00%
	平均成果数量	4.10个	4.31个	2.59个	2.90个	2.54个	1.2个
	获得省部级及以上成果项目数量	18个	30个	37个	31个	19个	2个
	占比	42.86%	53.57%	50.00%	38.75%	38.00%	10.00%
	省部级及以上成果平均数量	4.61个	4.47个	2.49个	2.74个	2.53个	1.5个
未开展QC小组活动	数量	11个	14个	15个	28个	22个	15个
	占比	26.19%	25.00%	20.27%	35.00%	44.00%	75.00%

从数据可以看出，项目开展QC小组活动的比率及其获得省部级及以上QC成果的比率与所属企业性质、资质、企业注册地区存在一定关联，央企要高于地方国企，地方国企要高于私营企业；特级资质企业要高于一级及以下资质企业；东部地区企业高于西部地区企业，西部地区企业高于中部地区企业，中部地区企业高于东北地区企业。

二、检验批与工程资料同步情况

调研样本中，全部项目均执行检验批验收制度，其中，有305个项目检验批现场验收与资料划分一致且同步进行，占比94.72%；16个项目检验批现场验收与资料划分一致，但资料滞后，占比4.97%；1个项目检验批现场验收与资料划分不一致，但同步进行，占比0.31%。

从数据来看，绝大部分项目资料与现场验收同步进行，少数存在资料滞后情况，极个别项目存在检验批现场验收与资料划分不一致情况（经电话调研，该项目主要是现场施工条件受限，检验批划分方案在个别施工部位执行困难，未及时调整检验批划分方案导致）。

三、检验批验收合格率和整改工时情况

(一)项目内部质量检查检验批验收合格率和整改工时情况

本项调研内容有效项目数据 312 个。项目内部质量检查检验批验收一次通过率平均为 94.60%,最高一次通过率为 100%,最低一次通过率为 60%。平均每一检验批整改所需工时为 3.48 工时,所用整改工时最高为 72 工时,最低为 0 工时(100% 通过率时)。

1. 内部质量检查检验批验收一次合格率分布情况(表 3.5-8)

表 3.5-8

类别	100% 一次合格	100% 至 90%(含)	90% 至 80%(含)	80% 以下
项目数量	101 个	174 个	33 个	4 个
占比	32.37%	55.77%	10.58%	1.28%

2. 平均每一检验批整改所需工时分布情况(表 3.5-9)

表 3.5-9

类别	5 工时以上	4 工时至 5(含)工时	3 工时至 4(含)工时	2 工时至 3(含)工时	1 工时至 2(含)工时	0 工时至 1(含)工时	0 工时
项目数量	35 个	7 个	18 个	19 个	52 个	80 个	101 个
占比	11.22%	2.24%	5.77%	6.09%	16.67%	25.64%	32.37%

3. 按项目承包模式分析检验批验收合格率和整改工时(表 3.5-10)

表 3.5-10

类别	PPP 项目	工程总承包 EPC	施工总承包	专业分包
项目数量	18 个	78 个	200 个	16 个
平均内部检验批验收一次通过率	95.39%	95.18%	94.57%	91.25%
平均每一检验批整改所需工时	6.61	3.49	2.86	7.69

4. 按项目所属企业性质分析(表 3.5-11)

表 3.5-11

类别	央企	国有地方	私营企业
项目数量	202 个	87 个	23 个

续表

类别	央企	国有地方	私营企业
平均内部检验批验收一次通过率	94.80%	93.89%	95.48%
平均每一检验批整改所需工时	4.03	2.15	3.75

5. 按项目所属企业资质分析（表3.5-12）

表3.5-12

类别	特级	一级及以下
项目数量	198个	114个
平均内部检验批验收一次通过率	94.83%	94.20%
平均每一检验批整改所需工时	3.58	3.32

6. 按项目所属行业分析（表3.5-13）

表3.5-13

类别	建筑工程	交通工程	市政公用工程	工业工程	水利工程
项目数量	159个	61个	56个	28个	8个
平均内部检验批验收一次通过率	93.48%	94.60%	96.30%	96.84%	97.00%
平均每一检验批整改所需工时	3.22	5.53	2.23	3.59	1.38

7. 按项目所在地域分析（表3.5-14）

表3.5-14

类别	东部地区	西部地区	中部地区	东北地区
项目数量	164个	81个	53个	14个
平均内部检验批验收一次通过率	94.46%	94.44%	94.92%	95.86%
平均每一检验批整改所需工时	2.51	3.56	6.41	3.31

8. 按项目工程造价分析（表3.5-15）

表3.5-15

类别	20亿元（含）以上	10亿元（含）至20亿元	5亿元（含）至10亿元	2亿元（含）至5亿元	0.5亿元（含）至2亿元	0.5亿元以下
项目数量	40个	56个	73个	78个	48个	17个

续表

类别	20亿元（含）以上	10亿元（含）至20亿元	5亿元（含）至10亿元	2亿元（含）至5亿元	0.5亿元（含）至2亿元	0.5亿元以下
平均内部检验批验收一次通过率	96.17%	92.93%	94.95%	93.70%	96.05%	94.88%
平均每一检验批整改所需工时	3.24	6.49	2.12	3.57	1.38	5.38

（二）项目未经内部质量检查，直接报监理验收，检验批验收一次通过率及整改工时情况

调研样本中，有246个项目存在过未经内部质量检查，直接报监理验收情况，此部分检验批报监理验收平均一次通过率为86.04%，中位数93.00%，最高一次通过率为100%，最低一次通过率为0.00。平均每一检验批整改所需工时3.83工时，中位数为1工时。所用整改工时最高为72工时，最低为0工时。

（1）未经内部质量检查直接报监理检验的246个项目，检验批验收一次通过率分布情况见表3.5-16。

表3.5-16

类别	100%通过率	90%至100%	80%至90%（含）	50%至80%（含）	0至50%（含）	0
项目数量	69个	60个	51个	47个	10个	9个
占比	28.05%	24.39%	20.73%	19.11%	4.07%	3.66%

（2）未经内部质量检查直接报监理验收的246个项目，平均每一检验批整改所需工时分布情况见表3.5-17。

表3.5-17

类别	5工时以上	4工时至5工时（含）	3工时至4工时（含）	2工时至3工时（含）	1工时至2工时（含）	0工时至1工时（含）	0工时
项目数量	36个	9个	22个	15个	32个	52个	80个
占比	14.63%	3.66%	8.94%	6.10%	13.01%	21.14%	32.52%

（三）经项目内部质量检查后，检验批报监理验收，一次验收通过率及整改工时情况

调研样本中，有305个项目经内部质量检查后报监理验收，此部分检验批报监理

验收平均一次通过率为96.72%，中位数99%，最高一次通过率为100%，最低一次通过率为50.00%。平均每一检验批整改所需工时2.02工时，中位数为0.5工时。所用整改工时最高为48工时，最低为0工时。

（1）经内部质量检查后报监理检验的305个项目，检验批验收一次通过率分布情况见表3.5-18。

表3.5-18

类别	100%通过率	90%至100%	80%至90%（含）	50%至80%（含）	50%（含）
项目数量	136个	129个	30个	9个	1个
占比	44.59%	42.30%	9.84%	2.95%	0.33%

（2）经内部质量检查后报监理检验的305个项目，平均每一检验批整改所需工时分布情况见表3.5-19。

表3.5-19

类别	5工时以上	4工时至5工时（含）	3工时至4工时（含）	2工时至3工时（含）	1工时至2工时（含）	0工时至1工时（含）	0工时
项目数量	21个	2个	9个	12个	41个	83个	137个
占比	6.89%	0.66%	2.95%	3.93%	13.44%	27.21%	44.92%

从数据可以看出，是否经过内部质量检查，检验批在报监理单位验收时，平均验收一次通过率和整改工时相差较大。检验批平均验收一次通过率两者相差10.68%，存在内部质量检查的同比提高12.41%，平均每一检验批整改所需工时两者相差1.81工时，存在内部质量检查的同比降低47.26%。从这两个数据的变化可以看出，内部质量检查在提高验收通过率、降低工时浪费和保证质量水平方面的重要性，也是减少资源不必要浪费，提高企业经济效益的关键。

四、材料设备进场验收情况

有效调研项目数据249个。调查样本中材料设备退场次数为0次的项目数量为129个，占比51.81%；存在过材料设备退场的项目数量为120个，占比48.19%。材料设备退场次数平均为2.32次，最多的项目为52次。样本材料设备退场次数具体情况见表3.5-20。

表 3.5-20

类别	11次（含）以上	6次（含）到10次（含）	1次（含）到5次（含）	0次
项目数量	13个	9个	98个	129个
占比	5.22%	3.61%	39.36%	51.81%

材料设备退场主要原因有进场时随车资料缺失或携带资料错误，如缺少出场合格证、携带的不是本材料的试验报告等；现场检查时，存在规格型号不满足设计要求、材料超出允许偏差、不合格等情况，如砂石粒径超出设计要求、砌块龄期不合格、钢板厚度偏差过大等；某些材料复检不合格，如钢筋复试报告不合格等。材料设备质量是工程质量优良的基础，是质量控制的重要环节，但从调研数据来看，一半的项目都发生过材料设备质量问题，需要引起大家的高度重视。

五、返工原因分析

本项调研内容有效项目数据217个。

（1）房屋建筑类项目反馈返工主要内容或涉及工序合计834项次，其中钢筋与混凝土、渗水处理或防水、砌筑和模板为主要返工内容或工序，具体情况见表3.5-21。

表 3.5-21

序号	返工内容或涉及工序	发生次数	占比	序号	返工内容或涉及工序	发生次数	占比
1	钢筋与混凝土	83	9.95%	13	给水排水	21	2.52%
2	渗水处理或防水	80	9.59%	14	基坑支护	20	2.40%
3	砌筑	76	9.11%	15	给水排水及供暖	20	2.40%
4	模板	74	8.87%	16	钢结构焊接	19	2.28%
5	抹灰、瓷砖、涂料	54	6.47%	17	吊顶	19	2.28%
6	回填土	45	5.40%	18	屋面面层	19	2.28%
7	后浇带及施工缝	33	3.96%	19	轻质隔墙	17	2.04%
8	门窗	30	3.60%	20	消防及防火封堵	17	2.04%
9	外墙及孔洞封堵	28	3.36%	21	电气配电室、机房、电井	16	1.92%
10	桩基及桩头处理	22	2.64%	22	通风空调设备及机房	15	1.80%
11	钢结构涂装及防火涂料	21	2.52%	23	幕墙	13	1.56%
12	管道及保温	21	2.52%	24	卫生间设施	12	1.44%

续表

序号	返工内容或涉及工序	发生次数	占比	序号	返工内容或涉及工序	发生次数	占比
25	设备基础	12	1.44%	30	电梯	6	0.72%
26	屋面细部构造如排水排气分隔缝等	10	1.20%	31	高强螺栓	3	0.36%
27	园林绿化	10	1.20%	32	其他	3	0.36%
28	屋面爬梯及过桥	7	0.84%	33	压型钢板	2	0.24%
29	智能建筑	6	0.72%				

（2）基础设施类项目反馈返工主要内容或涉及工序合计149项次，其中路基、隧道衬砌与管片、隧道防水、边坡和挡土墙、桥梁下部结构、路面及附属设施、排水设施为主要返工内容或工序，具体情况见表3.5-22。

表3.5-22

序号	返工内容或涉及工序	发生次数	占比	序号	返工内容或涉及工序	发生次数	占比
1	路基	27	18.12%	8	隧道附属设施	11	7.38%
2	隧道衬砌与管片、隧道防水	16	10.74%	9	桥梁上部结构	7	4.70%
3	边坡和挡土墙	16	10.74%	10	其他	7	4.70%
4	桥梁下部结构	15	10.07%	11	交通机电设施	4	2.68%
5	路面及附属设施	15	10.07%	12	隧道洞门	2	1.34%
6	排水设施	15	10.07%	13	轨道和轨道板	2	1.34%
7	桥面及附属设施	12	8.05%				

（3）样本反馈返工原因合计572项次。其中，设计原因（错、漏、碰、缺）和成品保护措施不到位为主要返工原因。返工原因统计如表3.5-23所示。

表3.5-23

返工原因	设计原因	成品保护措施不到位	抢工期	工序不合理	人员技能不足	前道工序不合格	工艺错误	设备或材料不合格	合计
发生次数	148	128	65	60	60	58	28	25	572
占比	25.87%	22.38%	11.36%	10.49%	10.49%	10.14%	4.90%	4.37%	100.00%

对比2022年调研报告数据，排名靠前的项目返工内容或工序基本没有变化，个别在前后位置略有调整，建筑工程主要集中在钢筋、模板、混凝土、防水、砌筑上，基础设施类工程主要集中在路基、隧道衬砌与管片、隧道防水、边坡和挡土墙上，这

些频发的返工内容具有一些共同特点，工程量大、重复性工序多、对作业工人技能要求高。建议各施工主体单位加强质量策划、过程控制、总结提升，从"人机料法环"影响质量的基本要素出发，通过制定相关制度、明确职责、改进流程等解决管理上的漏洞，通过加强技术交底的针对性、作业人员的技能水平、工艺做法的先进性等措施来提高工程实体质量水平，形成规范的管理制度和明确的标准以减少返工发生的频率。

第六节

质量监督检查和质量报告提供情况

一、项目接受质量监督检查情况分析

有效调研项目数据 300 个，均接受过各类质量检查。各类质量检查汇总平均次数为 21.81 次/年（较 2022 年调研数据 26.49 次/年，降低 4.68 次/年），中位数为 16 次/年，接受各类检查次数最多的项目为 170 次/年、最少的为 2 次/年。其中，接受过上级单位（不含项目所属分公司）进行质量检查的项目，平均接受检查次数为 7.66 次/年；接受过外部单位（建设单位、第三方飞检）进行质量检查的项目，平均接受检查次数为 9.49 次/年；接受过外部单位（各类协会、学会等）进行质量检查的项目，平均接受检查次数为 2.73 次/年；接受过当地政府质量监督部门进行质量检查的项目，平均接受检查次数为 7.68 次/年。

1. 项目各类检查每年汇总次数分布（表 3.6-1，平均次数为 21.81 次/年，中位数为 16 次/年）

表 3.6-1

类别	50次（含）以上	40次（含）至50次	30次（含）至40次	20次（含）至30次	10次（含）至20次	10次以下
项目数量	23 个	14 个	29 个	49 个	105 个	80 个
占比	7.67%	4.67%	9.67%	16.33%	35.00%	26.67%

2. 项目每年接受各类检查的平均次数（表 3.6-2）

表 3.6-2

类别	接受过上级单位进行质量检查的项目（不含项目所属分公司）	接受过外部单位进行质量检查的项目（建设单位、第三方飞检）	接受过外部单位进行质量检查的项目（各类协会、学会等）	接受过当地政府质量监督部门进行质量检查的项目	各类检查综合计算平均数
数量	278 个	231 个	93 个	256 个	300 个
占比（基数 300）	92.67%	77.00%	31.00%	85.33%	100%
合计检查次数	2129 次	2193 次	254 次	1966 次	6542 次
占比（基数 6542）	32.54%	33.52%	3.88%	30.05%	100%
平均接受对应单位检查次数	7.66 次/年	9.49 次/年	2.73 次/年	7.68 次/年	21.81 次/年

3. 项目接受各类检查平均次数，按照工程承包模式分析（表 3.6-3）

表 3.6-3

类别	PPP 项目	工程总承包 EPC	施工总承包	专业分包
上级单位（不含项目所属分公司）对项目进行质量检查年平均次数	4.59 次/年	6.39 次/年	8.62 次/年	4.10 次/年
外部单位（建设单位、第三方飞检）对项目进行质量检查年平均次数	5.86 次/年	6.64 次/年	10.93 次/年	8.92 次/年
外部单位（各类协会、学会等）对项目进行质量检查年平均次数	3.40 次/年	2.24 次/年	2.88 次/年	1.50 次/年
当地政府质量监督部门对项目进行质量检查年平均次数	6.00 次/年	7.00 次/年	8.61 次/年	6.75 次/年
各类检查汇总年平均次数	14.83 次/年	15.69 次/年	24.69 次/年	14.86 次/年

4. 项目接受各类检查平均次数，按照项目所属企业性质分析（表 3.6-4）

表 3.6-4

类别	央企	地方国企	私营企业
上级单位（不含项目所属分公司）对项目进行质量检查年平均次数	6.79 次/年	8.23 次/年	15.27 次/年
外部单位（建设单位、第三方飞检）对项目进行质量检查年平均次数	9.20 次/年	8.89 次/年	15.92 次/年
外部单位（各类协会、学会等）对项目进行质量检查年平均次数	2.51 次/年	2.62 次/年	4.63 次/年
当地政府质量监督部门对项目进行质量检查年平均次数	6.95 次/年	8.04 次/年	12.94 次/年
各类检查汇总年平均次数	20.11 次/年	22.56 次/年	35.30 次/年

5. 项目接受各类检查平均次数，按照项目所属企业资质分析（表 3.6-5）

表 3.6-5

类别	特级	一级及以下
上级单位（不含项目所属分公司）对项目进行质量检查年平均次数	8.03 次/年	6.97 次/年
外部单位（建设单位、第三方飞检）对项目进行质量检查年平均次数	9.15 次/年	10.18 次/年
外部单位（各类协会、学会等）对项目进行质量检查年平均次数	2.90 次/年	2.44 次/年
当地政府质量监督部门对项目进行质量检查年平均次数	8.19 次/年	6.75 次/年
各类检查汇总年平均次数	22.80 次/年	20.04 次/年

6. 项目接受各类检查平均次数，按照项目所在行业分析（表 3.6-6）

表 3.6-6

类别	建筑工程	交通工程	市政公用工程	工业工程	水利工程
上级单位（不含项目所属分公司）对项目进行质量检查年平均次数	7.35 次/年	8.54 次/年	8.88 次/年	5.61 次/年	4.67 次/年
外部单位（建设单位、第三方飞检）对项目进行质量检查年平均次数	8.02 次/年	12.64 次/年	11.68 次/年	4.65 次/年	6.60 次/年
外部单位（各类协会、学会等）对项目进行质量检查年平均次数	2.82 次/年	1.50 次/年	3.29 次/年	2.57 次/年	3.50 次/年
当地政府质量监督部门对项目进行质量检查年平均次数	8.00 次/年	6.71 次/年	8.73 次/年	5.37 次/年	7.00 次/年
各类检查汇总年平均次数	20.87 次/年	24.72 次/年	26.71 次/年	12.67 次/年	15.71 次/年

7. 项目接受各类检查平均次数，按照项目所在地域分析（表 3.6-7）

表 3.6-7

类别	东部地区	西部地区	中部地区	东北地区
上级单位（不含项目所属分公司）对项目进行质量检查年平均次数	8.57 次/年	6.13 次/年	7.13 次/年	6.80 次/年
外部单位（建设单位、第三方飞检）对项目进行质量检查年平均次数	10.60 次/年	8.24 次/年	8.48 次/年	5.86 次/年
外部单位（各类协会、学会等）对项目进行质量检查年平均次数	2.98 次/年	2.26 次/年	2.81 次/年	1.25 次/年
当地政府质量监督部门对项目进行质量检查年平均次数	8.14 次/年	6.68 次/年	7.39 次/年	8.91 次/年
各类检查汇总年平均次数	24.46 次/年	17.74 次/年	20.57 次/年	17.67 次/年

8. 项目接受各类检查平均次数，按照项目工程造价分析（表3.6-8）

表3.6-8

类别	20亿元（含）以上	10亿元（含）至20亿元	5亿元（含）至10亿元	2亿元（含）至5亿元	0.5亿元（含）至2亿元	0.5亿元以下
上级单位（不含项目所属分公司）对项目进行质量检查年平均次数	9.59次/年	8.91次/年	7.94次/年	6.77次/年	5.92次/年	5.09次/年
外部单位（建设单位、第三方飞检）对项目进行质量检查年平均次数	12.00次/年	10.71次/年	9.74次/年	7.94次/年	8.58次/年	5.80次/年
外部单位（各类协会、学会等）对项目进行质量检查年平均次数	2.64次/年	4.18次/年	2.23次/年	1.77次/年	3.07次/年	2.50次/年
当地政府质量监督部门对项目进行质量检查年平均次数	8.14次/年	8.85次/年	7.05次/年	7.89次/年	8.95次/年	4.40次/年
各类检查汇总年平均次数	27.00次/年	25.45次/年	22.08次/年	19.03次/年	20.86次/年	9.57次/年

从数据可以看出，项目接受各类主体检查的比率从大到小依次排序是上级单位（不含项目所属分公司）、当地政府质量监督部门、外部单位（建设单位、第三方飞检）、外部单位（各类协会、学会）；检查频率从高到低排序是外部单位（建设单位、第三方飞检）、当地政府质量监督部门、上级单位（不含项目所属分公司）、外部单位（各类协会、学会）。这两类排序前三的检查次数占总迎检次数的96.12%，是项目的主要迎检内容，与2022年调研数据高度吻合。项目造价越高，接受检查的次数越多。"检查多服务少"的现状，某种程度上，对项目造成一定负担。

二、质量报告情况

有效调研项目数据322个，其中对上级单位或外部单位提供项目质量管理情况报告的项目223个，占比69.25%，同比2022年调研数据降低13.44%；未提供质量管理报告的99个，占比30.75%。

1. 按项目承包模式分析（表3.6-9）

表3.6-9

类别	PPP项目	工程总承包EPC	施工总承包	专业分包
项目数量	19个	81个	205个	17个

续表

类别	PPP项目	工程总承包EPC	施工总承包	专业分包
提供质量管理报告	16个	53个	143个	11个
占比	84.21%	65.43%	69.76%	64.71%

2. 按项目所属企业性质分析（表3.6-10）

表3.6-10

类别	央企	地方国企	私营企业
项目数量	207个	90个	25个
提供质量管理报告	149个	60个	14个
占比	71.98%	66.67%	56.00%

3. 按项目所属企业资质分析（表3.6-11）

表3.6-11

类别	特级	一级及以下
项目数量	205个	117个
提供质量管理报告	147个	76个
占比	71.71%	64.96%

4. 按项目所属行业分析（表3.6-12）

表3.6-12

类别	建筑工程	交通工程	市政公用工程	工业工程	水利工程
项目数量	163个	64个	57个	30个	8个
提供质量管理报告	118个	41个	37个	21个	6个
占比	72.39%	64.06%	64.91%	70.00%	75.00%

5. 按项目所在地域分析（表3.6-13）

表3.6-13

类别	东部地区	西部地区	中部地区	东北地区
项目数量	167个	83个	56个	16个
提供质量管理报告	132个	64个	27个	9个
占比	79.04%	77.11%	48.21%	56.25%

6. 按项目工程造价分析（表3.6-14）

表 3.6-14

类别	20亿元（含）以上	10亿元（含）至20亿元	5亿元（含）至10亿元	2亿元（含）至5亿元	0.5亿元（含）至2亿元	0.5亿元以下
项目数量	42个	56个	74个	80个	50个	20个
提供质量管理报告	28个	41个	52个	57个	30个	15个
占比	66.67%	73.21%	70.27%	71.25%	60.00%	75.00%

从数据可以看出，多数企业都向上级单位或外部单位提供质量管理报告。提供质量管理报告的项目中，PPP项目明显高于其他承包模式项目；央企高于地方国企，地方国企高于私营企业；特级资质企业项目高于一级及以下资质企业项目；与项目所属行业和工程造价没有明显关联。

结论和建议

经过初步分析，总结工程建设企业和项目质量管理的主要特点，并提出相关管理建议，仅供参考。

企业部分

一、样本说明

本次调研，企业样本数据绝大部分来源于央企和地方国企，占比为85.09%，但根据资质分类，特级资质企业占比仅为39.78%。造成这种差异的主要原因是同一央企或地方国企集团公司多家子企业参与调研，资质为一级及以下，参与调研的私营企业仅1家为特级资质。

二、企业劳动生产率

与上次调研数据相比，企业人均年产值平均值提高11.08%，中位数降低6.88%。平均值与中位数的反向趋势，表明部分企业越做越强，但大部分企业人均年产值呈现下滑趋势。

最高资质等级为房屋建筑的企业人均年产值较上次调研数据有所降低，其他行业企业人均年产值均有不同幅度的增长。数据表明，受房地产投资放缓的影响，房建企业承接业务减少，经营受阻，但其他行业仍存在业务增长趋势。建议房建企业在全面稳固传统业务市场份额的前提下，努力拓展补短板业务与战略性新兴业务，加强科技创新，牢牢把握市场发展机遇。

三、企业质量管理体系建设

1. 质量工作缺乏系统性规划

调研中，仅有约三分之二的企业具有明确的质量工作发展规划文件，其他企业没有长远的、审定发布的公司质量发展规划。建议企业要根据自身实际制定明确的质量发展规划文件，增加质量发展定力，凝聚质量发展合力。

2. 企业年度质量目标明确，但目标控制措施缺失

91.71%的企业具有明确的年度质量管理目标，但仅有33.15%的企业具有详细的量化指标。建议企业加强目标过程控制，将年度质量管理目标进行细化、量化，与岗位绩效考核评价体系挂钩，持续跟踪目标实现情况，适时采取相应纠偏措施，以保证目标的实现。

3. 企业质量管理体系认证率高，但质量管理流程不够清晰、详细

97.24%的企业质量管理体系通过了ISO 9000体系认证，90.61%的企业建立了具体的质量管理制度，但仅有一半的企业提供了质量管理流程图或质量体系要素职责分配表。完善、清晰、明确的质量管理体系和质量管理流程是质量工作规范化、流程化、标准化管理的前提，是进一步信息化管理的保证，有利于企业提高整体质量管理水平。

四、企业质量管理部门设置

1. 企业领导层中设置专职质量负责人的比例较小

调研样本中，13.81%的企业在企业领导层中设置有专职质量负责人，比上次调研数据降低约1个百分点，其他企业通常由分管技术、生产或安全的领导兼职负责质量工作。数据表明，国家推行"首席质量官"制度十多年来，在工程建设领域的落地情况并不理想。《质量强国建设纲要》再次提出加强全员质量教育培训，健全企业首席质量官制度，重视质量经理、质量工程师、质量技术能手队伍建设。设立首席质量官是现代企业制度的重要内容，在现代企业治理中扮演着关键的角色。他们不仅仅是质量管理的领头人，还是质量文化的塑造者、风险管理者和数据分析专家。随着工程

建设行业的高质量发展,首席质量官的角色将变得更加关键和不可或缺。

2. 企业层面设置独立质量管理部门的比例较小

16.02%的企业设置了独立的质量管理部门,其他企业大多设置联合管理部门,如技术质量部、环境和质量部,还有一部分将质量管理工作放在工程部、项管部。相比目前企业对安全工作的重视,显然对质量工作的重视程度还需要持续加强。

3. 企业专职质量负责人和质量管理部门设置建议

企业专职质量负责人和质量管理部门设置比例较低且有下降趋势,一方面,可能受行业下行压力影响,企业本着经营为主的原则,在总部进行人员职能调整和部门整合;另一方面,可能是企业领导对质量的认识并没有得到改观,没有意识到质量对企业生存发展的重要性。建议企业要重视质量监督管理体系的科学性,保证质量监督工作的独立性。建立以"企业首席质量官"为核心,质量管理部门为支撑的独立完整的质量检查监督体系,直接由企业负责人领导,不再兼任其他质量要素管理工作。企业要坚持走以质量创效益,以质量树品牌,以质量赢市场的可持续发展道路。

五、质量要素管理和资源投入

(1)企业总部(包含分公司机关)专职质量管理人员储备丰富,素质较高。

调研样本中,平均每家企业专职质量管理人员21.08人,其中平均每家企业专职质量管理人员硕士及以上2.12人,本科14.28人,专科及以下4.68人。但从数据也可以发现,高学历人才更倾向于到央企、地方国企和特级资质企业就业。这就要求,这些企业要做好人才培养、防止人才流失的工作。然而,私营企业和一级及以下资质企业则需要做好吸引人才的工作。同时,各企业要注重人才梯队建设,一是素质搭配合理,二是新老搭配合理,做到不断层、不断档,有利于提高企业质量管理工作的效率。

(2)企业对质量管理人员的继续教育越来越重视,数据显示质量管理人员继续教育学时在逐年增加。

六、企业质量管理成果

1. QC活动成果

调研企业中,93.37%的企业成立了QC活动小组,其中QC活动成果获奖的占比82.87%，获得国家级QC成果的占比59.67%。但从企业QC活动成效反馈来看，有26.52%的企业认为QC活动成效一般。从中可以看出，部分企业对QC活动的认识不够全面彻底，存在局限性，开展QC活动多是为了评优评奖或资质维护等，未能有效将QC活动作为解决问题的手段，主动应用到企业管理、生产、服务的提升之中。工程建设企业需要进一步强化对QC活动的认识，借鉴制造业QC活动开展经验，帮助员工掌握QC开展的方法和工具，切实把QC活动落到实处。

2. 企业获得工程质量奖的情况

调研样本企业获得省部级及以上工程质量奖的比例远远高于行业平均水平，这些企业的市场经营能力、创优意识、创优策划和实施能力都比较强。但是获奖情况在央企、地方国企和私营企业之间很不均衡，私营企业在获取优质项目、创优策划和实施等方面还需要进一步加强。

3. 工程质保金回收情况

调研企业中，2020年竣工项目至今，平均质保金回收率为69.17%；2021年竣工项目至今，平均质保金回收率为64.57%。根据住房和城乡建设部《工程质量保证金管理办法》规定："缺陷责任期一般为1年，最长不超过2年，由发、承包双方在合同中约定"，由此可见，2020年和2021年竣工的项目都已经达到了质保金回收的时间条件，但回收情况并不理想。一方面是本身工程质量确实存在问题，建设单位延缓支付或者用质保金进行了质量维修；另一方面是建设单位原因，拖延支付。我们呼吁建设单位无故不要拖欠施工单位的质保金，同时各施工单位要确保工程项目交付质量，共同促进工程项目质量提升，不要让工程质量陷入恶性循环。

4. 工程质量维修支出情况

样本企业2023年尚在质保期内项目的质量维修支出占2023年产值的0.28%。

房建工程维修支出主要集中在屋面、外墙和地下室等分部工程，直接与外界环境接触的地方，其中防水渗漏仍是最易发生的维修内容。基础设施工程维修支出主要集中在路面及附属设施、隧道渗漏和隧道衬砌。

质量维修涉及内容呈现点多、面广、频发的特点，主要集中在与使用功能密切相关的地方，如防水渗漏、墙体保温脱落、抹灰开裂等。针对频发的质量维修问题，建议企业一方面深入分析问题发生原因，落实到人机料法环具体质量要素上，形成标准化的做法或规定动作，完善到企业质量手册或工艺做法手册里。另一方面要加强过程控制，质量是制造出来、预防出来的，不是检验出来的。

第二节
项目部分

一、样本说明

本次调研，项目样本数据绝大部分来源于央企和地方国企，占比为92.23%。项目所属企业为特级资质的占比63.66%。项目质量目标为省部级及以上工程质量奖的占比62.73%。平均造价10.03亿元，中位数5.55亿元。

二、项目质量管理体系

1. 项目班子成员专人负责质量工作的比例较低

项目班子成员有专人负责质量工作的项目占比27.95%，职务多为质量总监，其他项目质量管理工作多由总工兼职负责。在班子成员有人专职负责质量工作比例较低的情况下，央企项目班子成员有人专职负责质量工作的比例高于地方国企项目，地方国企项目高于私营企业项目；特级资质企业项目高于一级及以下企业项目；建筑行业项目略高于其他行业项目。质量管理与项目进度管理、成本控制、安全管理等存在着固有的对立统一关系，相互依存、相互促进，但同时负责多项管理职能，又兼顾质量监督检查职责，会存在角色冲突，在面对进度、成本与质量的冲突时，有可能就会降低质量标准。

2. 项目部质量管理部门独立设置比例较低

调研项目中，质量管理部门单独设置的项目占比34.78%。单独设置质量管理部门的比例，私营企业项目高于地方国企项目，地方国企项目高于央企项目，央企更愿意将质量管理部门与技术、生产、安全等部门联合设置。推动质量管理负责人进班子，加大质量管理的话语权十分重要，同样，一线管理人员专职负责质量工作也至关重要。建立完善的项目质量管理体系，纵向独立的质量监督体系，科学合理的管理流程，才能最大限度地发挥质量管理部门的监督作用。

3. 项目质量管理组织架构和质量管理流程的针对性、合理性有待提高

部分项目没有结合工程自身特点，建立科学合理的项目质量管理机构和管理流程，质量管理组织架构和流程相似度偏高。项目质量管理组织架构和流程既要体现规

范性，也要体现合理性、针对性，满足企业和项目的管理需求。

提供质量管理具体、详细流程的项目部数量偏少。多数项目提供的是项目的整个质量管理流程，没有按质量形成规律或过程划分成多个有针对性、可操作的质量管理程序。部分项目质量管理基本流程不够完善，仅有施工工序质量控制流程，没有其他流程。

三、项目质量目标设定与策划分析

1. 建设单位质量意识进一步提升

调研项目中，建设单位具有明确创优要求的项目占比66.46%，将具体质量目标落实到合同条款中的项目占比50.54%。建设单位以各级工程质量奖为抓手，通过各种激励措施引导施工企业提升工程质量水平，体现了建设单位对工程质量的重视，表明了建设单位履行首要责任的态度。建设项目高质量发展任重道远，其中建设单位发挥的作用至关重要，尤其是在工程质量优质优价的倡导推广上。

2. 施工单位质量创优热情高涨

在建设单位无质量创优要求，或者有创优要求但未落实到工程承包合同条款的项目中，近一半项目施工单位主动将质量目标提高到创建省部级及以上优质工程奖。这反映出施工单位有浓厚的创优氛围和创优需求，质量意识不断增强。施工单位要更加重视质量过程控制，注重过程创优、一次成优。

3. 项目质量目标设定分析

项目质量目标设定与工程造价金额、工期密切相关。造价越大工期越长，项目质量目标设定为国家级质量奖的概率越大。央企、特级企业承接项目，质量目标设定为省部级及以上工程质量奖的概率高于私营企业和一级及以下资质企业。其一方面是因为造价大工期长的项目较为优质，另一方面是因为央企和特级资质企业竞争实力更强，更容易承接较为优质的项目。

4. 项目质量策划分析

进行了整体质量策划的项目占比95.03%，但进一步编制了分阶段（分部工程）实体质量策划的项目占比降低至66.46%。质量策划是质量管理的关键环节，针对重点控制部位、复杂工艺流程等进行专项实体质量策划，是提高工程质量的重要措施。

四、项目质量管理资源投入分析

（1）每亿元造价项目月均管理人员投入强度与所属企业性质、资质及项目承包模式、造价的关系呈现明显关联。

央企项目月均管理人员数量和造价的平均数高于地方国企项目，地方国企项目高于私营企业项目；特级资质企业项目高于一级及以下资质企业项目；造价大的项目高于造价小的项目。但每亿元造价投入的月均管理人员强度却呈现相反趋势。深入分析原因，央企、特级资质企业承接优质项目较多，造价较高，必然需要的月均管理人员数量较多；每亿元造价管理人员投入强度较低，一方面是承接的优质项目规模大、造价高，管理上具有规模效应，另一方面是部分施工内容可能由一级及以下资质企业或私营企业承包，分担了其管理人员投入强度。管理人员投入强度与企业管理制度、项目规模、难易程度、施工阶段等密切相关，建议企业根据自身实际情况，参考报告数据，建立合理的管理人员配置制度，以确保工程质量安全。

（2）少数项目没有配置专职质检员，个别质检员未取得上岗证。

84.73%的项目配置了专职质检员，79.81%的项目质检员全部持证上岗。质检员是工程质量控制管理的重要一环，其存在和素质对于工程质量过程控制起着重要作用。企业需要高度重视专职质检员缺失和未取得上岗证的问题，加强质检员培训，做到持证上岗。

（3）特种作业人员持证率高，极个别人员无证上岗。

98.45%的项目特种作业人员全部持有操作证书。个别项目的极少数人员存在未经培训、无证上岗情况，存在较大安全隐患，需要引起高度重视。

（4）调研项目质量专项资金投入与项目造价比值在0.03%～0.58%之间浮动。质量专项资金投入与项目所属企业性质、资质及项目类型、地区等没有明显关联，普遍存在计量模糊、投入较低的情况。一方面是质量提升资金难以区分，比如购买不同品牌、性能稳定的钢材，产生的差价，往往被视为生产成本，企业主观行为，并没有计入质量提升资金中；另一方面是工程造价规范不明确，质量成本并没有引起企业的足够关注与重视。

五、过程质量控制情况分析

1.QC小组活动在项目开展情况有待进一步提高

72.36%的项目开展了QC小组活动。其中，开展QC小组活动的比率央企项目高于地方国企项目，地方国企项目高于私营企业项目；特级资质企业项目高于一级及以下资质企业项目。

2. 质量内部检查对于提高检验批一次验收通过率和降低整改工时具有关键作用

数据表明，是否经过内部质量检查，检验批在报监理单位验收时，平均验收一次通过率和整改工时相差较大。检验批平均验收一次通过率两者相差 10.68%，存在内部质量检查的同比提高 12.41%，平均每一检验批整改所需工时两者相差 1.81 工时，存在内部质量检查的同比降低 47.26%。从数据变化可以看出，内部质量检查在提高验收通过率、降低工时浪费和保证质量水平方面的重要性，也是减少资源不必要浪费，提高企业经济效益的关键。

3. 材料设备进场验收情况

接近一半的项目发生过材料设备验收不合格退场的情况，退场次数最多的达 52 次，平均 2.32 次。材料设备质量是工程质量优良的基础，是过程质量控制的重要环节。近些年，因材料设备质量问题导致的工程重大质量问题时有发生，需要企业引起高度重视。

4. 项目返工内容及原因分析

对比上次调研数据，排名靠前的项目返工内容或工序基本没有变化，个别略有调整，涉及施工各阶段，建筑工程主要集中在钢筋、模板、混凝土、防水、砌筑上；基础设施类工程主要集中在路基、隧道衬砌与管片、隧道防水、边坡与挡土墙上。返工原因主要为设计原因（错、漏、碰、缺）、成品保护不到位和抢工期。

建议工程各参建单位加强质量策划、过程控制、总结提升，从"人机料法环"影响质量的基本要素出发，通过制定相关制度、明确职责、改进流程等解决管理上的漏洞，通过加强技术交底的针对性、作业人员的技能水平、工艺做法的先进性等措施来提高工程实体质量水平，形成规范的管理制度和明确的标准以减少返工发生的频率。

六、质量监督检查和质量报告提供情况

（1）项目接受监督检查单位多、频次高、任务重。

调研项目均接受过各类检查，平均接受各类检查次数为 21.81 次/年，中位数 16 次/年，最大值 170 次/年，最小值 2 次/年。外部单位（建设单位、第三方飞检）、当地政府质量监督部门、上级单位（不含项目所属分公司）检查次数合计占总迎检次

数的96.12%，是项目的主要检查主体，与上次调研数据高度吻合。"检查多服务少"的现状，某种程度上，对项目造成一定负担。建议各检查主体继续加强服务理念，减少不必要的检查次数，让项目管理人员有更多的精力投入到质量提升上。

（2）调研样本中，69.25%的项目向上级单位或外部单位提供质量管理情况报告。PPP项目明显高于其他承包模式项目；特级资质企业项目高于一级及以下资质企业项目；央企项目高于地方国企项目，地方国企项目高于私营企业项目。

第二篇
工程建设企业和项目质量管理典型案例

创新驱动，系统提升，打造"品质一局"

——中交一公局集团有限公司

一、企业概况和企业质量战略、质量文化建设

（一）公司概况

中交一公局集团有限公司是世界 500 强企业——中国交通建设集团有限公司的核心企业，是行业领先的集咨询规划、投资融资、设计建造、管理运营于一体的大型基础设施综合服务商。

中交一公局集团拥有深厚历史，前身为中国人民解放军公路工程第一师，1963 年隶属交通部，1999 年划归路桥集团，2005 年转隶中交，2018 年由原中交一公局与中交隧道局战略重组。公司现有员工 2.5 万余人，拥有公路特级、房建特级、工程勘察综合甲级资质等 380 余项资质，是中交系统首个总资产、年新签合同额、营业收入均超千亿元的子企业，具备全基础领域、全产业链投建运一体化服务优势。

公司坚持以习近平新时代中国特色社会主义思想为指导，践行国企"六个力量"重要使命，紧扣中交集团"123456"总体发展思路，以"134"战略为引领，锚定"五新四高三率先"奋斗目标，打造"五个一局"，在践行"一带一路"倡议、建设"交通强国"中发挥主力军作用，为中交集团打造具有全球竞争力的科技型、管理型、质量型世界一流企业作出积极贡献。

（二）企业质量战略

公司坚定不移贯彻新发展理念，积极融入新发展格局，把建造高质量产品作为企业提高核心竞争力、赢得社会信任、拓展公司业务的前提条件。

公司始终坚持质量第一、效益优先，通过管理和科技协同发力，做到体系建设更加完善，基础管理更加扎实，创新驱动更加有力，品牌建设更有成效。全面打造产品

质量优、经营能级强、运营质效好，具有"品质一局"鲜明特征的质量强企，成为推动中国交建向具有全球竞争力的科技型、管理型、质量型世界一流企业迈进的排头兵。

（三）质量文化建设

企业文化是企业所倡导的经营哲学以及管理理念，具有鲜明的目标导向与价值导向，能够对全体员工的价值取向、思维方式、行为习惯产生引导作用。公司自开展品质工程创建活动以来经过多年沉淀，逐步形成"四品"质量文化。

（1）市场讲品性：坚持"信用第一、顾客至上"，严格按合同履约。

（2）管理讲品度：适应"PPP项目常态化、工程承包业主化、分包管理专业化、品牌建设班组化、价值创造一体化"发展潮流，树立"工业化管理"理念，照章办事，依法治企。

（3）员工讲品味：讲政治、守规矩，做人老老实实，工作扎扎实实，作风踏踏实实。集团公司引入业主、员工、社会多方评价机制。

（4）工程讲品质：推进品质工程建设，追求卓越运营，摒弃简单粗暴，追求工匠精神，摒弃粗制滥造。

二、企业质量管理制度、管理流程、管控措施

（一）质量制度概述

公司质量制度是建立在国家有关质量的法律、法规和规范性文件基础上，遵循中国交建质量管理制度体系，结合一公局集团当前阶段的特点进行制定。

经过不断深化、细化、完善，经历了从粗放到精细、再到集约的过程，公司质量管理制度是对公司多年质量管理经验的高度浓缩，也为新的发展阶段指明了方向，体现出制度制定严谨务实、与时俱进的特点。制度的更新和实行，都经历了条款修订、组织研讨、意见征集、部门研讨、质量监督管理委员会确定、公司党委会通过、发文颁布实行等步骤，力求做到科学严谨、合法合规、可执行性强。

经过多年的积累和改进完善，公司质量制度形成了当前"2+2+N"的制度体系，即两项制度、两项管理办法、其他单项管理办法。两项制度为《建设工程质量管理制度》《施工项目质量管理制度》，两项管理办法为《质量损失责任追究管理办法》《建设工程创优管理办法》，N为《商品混凝土管理办法》《建设工程测量管理办法》等。

扫码关注
兑换增值服务

查工程建设
法规标准
就　　　上
建标知网

法规标准
电子版
免费阅读

[法规标准，高效检索]
[版本对比，一目了然]
[附件资料，便捷下载]
[常见问题，专家解答]
[法律实务，跨界分享]

建标知网
www.kscecs.com

注：会员服务自激活之日起生效，有效期90天
客服电话：4008-188-688

建工社
重磅福利

购买我社

正版图书

扫码关注

一键兑换

普通会员

| 兑换方式 |

刮开纸质图书所贴增值贴涂层

扫码关注

（增值贴示意图见下）

→ 微信扫码 免费兑换 ←

点击

[会员服务]

选择

[兑换增值服务]

进行兑换

新人礼包免费领

 中国建筑出版传媒有限公司
China Architecture Publishing & Media Co.,Ltd.
中国建筑工业出版社

1.《建设工程质量管理制度》

本制度是公司质量管理的基础性文件，也是其他质量制度和管理办法的编制依据，对公司及所属单位质量管理组织体系建立、质量责任划分与追究、质检质监体系建立、培训教育、首件样板、质量验收、缺陷修复、数字化建设、群众性质量活动、质量微创新、质量创优、品牌打造、监督检查、投资项目质量管理、信息报送、质量考核等管理全方位进行了规范和要求。尤其是将质量责任制、项目质检人员配置要求、质量考核等明确写进制度中，解决了质量管理工作中职责界面不清晰、专职人员配置要求不明确、考核体系不完善的问题，实现了程序合法合规、岗位权责分明、执行有据可依。

2.《施工项目质量管理制度》

施工项目是建设工程质量管理的核心。长期以来，公司对施工项目的质量管理缺少可操作性强、系统详细的管理办法，本制度是对《建设工程质量管理制度》的细化、补充和完善。本制度坚持"党政同责、一岗双责、齐抓共管"的全员质量责任制，坚持"管技术必须管质量、管生产必须管质量、管物设经营必须管质量"的原则，并开创性地将项目技术质量与施工质量的管理界面进行了划分，明确规定11条质量管理行为红线和不同业务版块工程实体质量红线，以及触犯红线的问责机制。本项制度体现出施工项目全过程、全生命周期质量管理的特点。

1）施工准备阶段质量控制

质量管理在施工准备阶段主要工作是质量预控，预控措施的充分与否将对工程实体质量的形成产生显著影响。施工项目前期准备阶段，要求做好如下工作：质量管理组织机构建立、规范标准收集培训、工料机环调研、设计文件会审与交底、施工组织设计与施工方案编审、测量试验方案计划制订、质量风险识别及预控、项目质量管理办法建立、采购与施工合同质量条款订立等，由项目经理组织人员对质量工作进行策划，并编写《项目实施性质量策划书》，作为项目质量管理的指导实施性文件，报批后实施，实施过程中受条件变化调整的，重新执行报批程序。

2）施工过程质量控制

施工过程是工程实体形成的重要环节，也是各类质量问题出现、管理难度最大的阶段。此阶段，技术交底落实、首件样板与"三检制"执行、原材料与工序验收、监督检查、隐患排查治理、问题闭环管理、质量提升专题活动、质量奖惩、分部分项工程交验、质量信息记录、质量责任履行等管理措施的执行落地，是质量控制的重点。优质工程形成于施工过程中，而非工后的修复过程中。

3）交竣工阶段质量控制

项目交竣工阶段，工程实体质量已经形成。此阶段最重要的工作是按照合同要求将工程保质保量地移交，交验前的内部质量隐患排查与整改工作尤为必要。因此，由项目经理组织的质量隐患排查与分析整改作为重要工作被列入本项制度中。同步开展的工作还包括质量评定与交验、竣工资料整理归档、档案资料移交。在工程投入运营后，对工程定期进行质量回访是项目质量管理制度的特色，是企业市场维护的需要，也是企业质量担当的体现。

3. 质量损失追责问责

受各种因素的影响，工程施工项目质量事件不可避免。当出现质量事件时，首先要对事件进行调查分析、整改处置，让问题或投诉得到解决，确保不影响工程使用质量或项目运营，降低对企业的负面影响。其次是定责追责，让责任人受到惩处；总结教训，让员工得到警示教育。为此，公司制定了《质量损失责任追究管理办法》。

《管理办法》规定，公司质量监督管理委员会负责审议质量事件的处罚、追责。在统计报告、调查处理、责任追究等三个方面作出规定，不同事件的标准认定、追究力度明确，操作性、警示性强，为质量管理树起一道不可触碰的屏障，使所有层级质量相关人员时刻保持警醒。

4. 质量创优管理

质量创优是企业品牌打造的最直接有效途径，也是社会对工程项目乃至企业质量的认可。为践行公司发展战略、规范化管理质量创优工作、促进公司工程质量提升，特制定了《质量创优管理办法》。

质量创优是一项贯穿于工程施工项目全过程的工作。"凡事预则立"，公司制订质量创优三年滚动计划，对项目质量创优工作进行统筹管理。针对单个项目，在项目前期一旦确定为创优项目，公司将组织人员编制创优策划书，定目标、定任务、定责任人，在项目实施阶段，组织检查指导，确保不偏离既定的创优目标。

完成创优任务的，根据奖励标准在次年兑现对创优贡献者的奖励；未完成任务的，在当年三级单位及直属项目的质量考核中进行扣分，并扣除三级单位或直属项目领导班子成员年度绩效。

（二）质量要素管理

1. 人

首先，建立起自上而下完善的质量管理组织机构。质量监督管理委员会是公司质量管理最高组织机构，科学技术质量部是公司日常质量管理部门，各事业部是相应施工版块质量管理机构，项目经理部是执行层，法人单位是主责层，法人单位的上级单位是督导层。

其次，各层级管理机构根据需要配置数量足够、能力符合的质量管理人员，对项目专职质检人员的数量作出明确要求，现场技术人员履行兼职质检人员职责。

最后，持续不断提升"人"的能力与素养。通过"育苗计划"、总工程师培训班、优秀青年技术干部培训班等活动提升管理人员综合素质；通过岗前培训、技术交底、"2332"工前十分钟教育、技能比武等措施提升班组人员技能水平。

2. 机

建立《设备管理办法》，施工项目作为主要责任主体，上级单位作为监督主体对施工机械设备进行管理，推行机械化，提升工程实体质量。规范测量、试验等仪器设备管理，建立"一机一档"、维护保养管理机制；引入先进的检验检测设备，提高质量指标检验精准度。

3. 料

对应用于工程实体的原材料、构配件及加工半成品，由生产经理组织物资采购部门、试验室等部门开展进场检验验收工作，从材料源头把控质量。对于房建、市政工程等使用商品混凝土的工程项目，编制了《商品混凝土管理办法》，大大提高了项目对商品混凝土质量的管控力度。针对钢结构、钢模板等特殊工艺，安排质检人员驻厂监督。

4. 法

推行工艺工序及管理标准化显著提升了质量水平；通过推行"四新""五小"成果、开展质量微创新活动，提高质量效益；引入内、外部第三方实体质量检测机制，及时准确地发现项目在实体质量及管理方面存在的漏洞，督促项目管理层加强质量管控。

5. 环

人文环境是内在因素，也是关键因素，建立自上而下的全员质量责任制，由主要领导带头，营造良好的质量氛围，让质量意识扎根于每一位质量参与者的心中，达到"人人关心质量、人人重视质量、人人享受质量"。

(三）质量管理流程

1. 质量策划管理流程（图1）

图1　质量策划管理流程

2. 首件样板实施流程（图2）

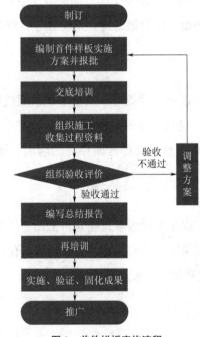

图2　首件样板实施流程

3. 原材料及构配件进场验收流程（图3）

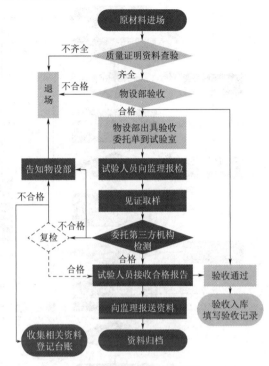

图3　原材料及构配件进行验收流程

4. 原材料外委检测流程（图4）

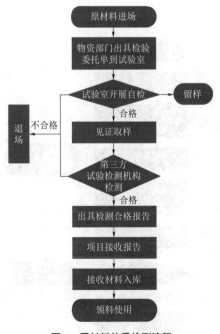

图4　原材料外委检测流程

5. 工序三检流程（图5）

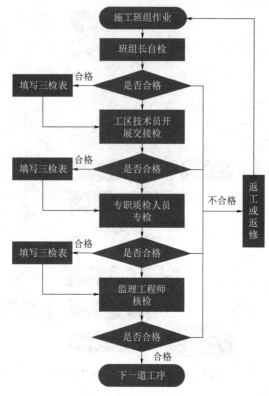

图5 工序"三检"流程

6. 质量问题闭环管理流程（图6）

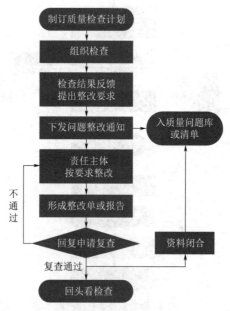

图6 质量问题闭合管理流程

（四）质量管控措施

1. 首件样板制

首件样板作为质量内控手段，规范的是工序施工工艺。将首件按照施工方案等级划分为四级，Ⅰ、Ⅱ级分别由公司、所属三级单位或项目总承包部负责实施，Ⅲ、Ⅳ级由施工项目实施，各级实施主体进行动态监管。首件样板的执行程序为实施前交底、过程管控、评价验收、再培训、推广验证，通过首件样板的引领，使工程实体一次成优。

2. 质量监督检查

针对质量管理薄弱点制定管控清单，公司分级、随机开展质量监督检查，并引入外部第三方检测机构。公司重点检查，子分公司年度全覆盖检查，项目质检人员日巡查，总工程师组织月度检查、不定期开展专项检查，项目经理组织季度全面检查。通过检查及时发现工程项目在质量管理方面的亮点及不足，推广借鉴好的做法，分析解决问题和不足，汲取经验教训，不断提升质量水平。

3. 质量提升活动

公司质量主管部门每季度组织开展质量培训、观摩交流活动，鼓励各级质量管理部门联合工会共同举办各类技能比武活动，组织开展微创新活动，提炼、评比、奖励微创新成果。项目层级积极开展质量通病治理活动，成立质量管理小组，务实开展质量改进活动，推广QC成果。公司每月与安全例会合并召开质量例会，贯彻行业、集团及公司的质量要求，分析存在的问题，计划下一步的工作。

4. 质量量化考核

建立质量考核制度，公司对子分公司、直属项目按照年度开展质量考核，内容包括质量控制指标、综合管理指标和加（减）分项三部分，采用百分制，自评与公司考评相结合的方式，经公司质委会审议通过后形成年度考核结果，发文通报。对评出的质量管理优胜单位、先进个人，给予奖励，以此提高被考核单位对质量工作的关注度和管理力度。

三、企业质量管理创新

公司在质量管理领域积极探索和应用新理念、新方法和新技术，以提升产品和服务质量，增强市场竞争力。

（一）智慧智造助力品质提升

1. 建筑信息模型（BIM）混凝土控制终端

1）基于拌合生产数据的"配合比"优化

系统自动采集各项目、各强度等级的混凝土生产配合比数据，通过相同强度等级混凝土的量差、价差分析结果，以及浇筑质量的评价，在系统中划定优质配合比的基准线，系统自动筛选出一批高质量、低成本的配合比数据，并进行指标排序，提供给新开工项目在做同强度等级混凝土配合比设计及优化时翔实的参考数据，为配合比的优化提供依据，提高拌合生产的质量和效率。

2）构件质量及混凝土原材料溯源

打通原材料进场验收、取样见证、试验见证与生产、运输、浇筑位置的全流程信息化、智能化管控，实现生产环节材料质量可追溯，通过系统查看现场构件浇筑过程所使用原材料的批次、厂家质保书、进场检验检收资料、存储批次、拌合楼拌合批次、生产配合比及运输批次等信息，控制原材料生产和使用过程中的偷工减料等行为，进一步提升质量控制。

2. 智慧工地研发与应用

1）大体积混凝土施工智能温控

通过温度传感器对混凝土温度场进行实时自动监测，通过无线网络将数据传输至云平台，依托云平台内置温控数据分析处理算法，智能判断混凝土温度状态，自动向智能温控室的调控设备发送指令，调节分布在大体积混凝土结构中冷却水管的通水流量，确保大体积混凝土各处温度均衡，升降温速率控制在规范要求内，减小温度应力，防止裂缝产生。

2）钢结构三维激光扫描虚拟预拼装

通过三维激光扫描仪自动测量技术对拟拼装钢结构节段进行三维扫描，通过虚拟建造平台逆向建模，与理论模型对比、分析误差，指导现场误差修正，同时根据虚拟建造平台得出各节段最优大地坐标，辅以高精度三维放样技术，动态指导拼装，保证钢结构现场拼装质量，各构件安装精度满足要求。

3）基于WBS构件划分的智慧品控应用

基于项目对工程构件的WBS划分，结合质量、计量、档案、进度、费用等管理要求，对工序管理进行细致拆解，做到所有构件全控制、关键工序全监控、监督管理查找快、工序报验定位准的全方位质量管理流程。保证项目上各工序数据的真实、完整、准确，实现对施工工序质量及关键工序影像资料的全过程质量溯源管理，提升工程质量管理水平。

4）质量协同管理

将质量巡检表单与"BIM+GIS"数据场景相结合，现场技术人将质量巡检中查出的质量及安全问题通过手机上的质量巡检表单拍照留存，并将质量及安全问题传递给相关人员要求进行整改回复，问题发生的位置及整改情况一目了然且可追溯。

5）数智物联监测与管控

聚焦项目现场工况及项目施工管控需求，针对特种设备、临时结构、人员机械等应用类目从"人、机、料、法、环"等方面进行多维度的监控监测，直指质量管控核心要点，以监测数据的分析及分级预警的方式，加强施工过程中对质量及安全的管控。

（二）权责划分督促品质落地

1. 生产质量、技术质量权责划分

规范项目质量管理体系，并不断完善转化为项目运用。明确项目经理为导向主体、质量负责人为策划监督主体、生产负责人为执行主体、施工班组为操作主体，任意两个主体之间均为互相作用关系，通过大体系的运转，逐渐提升工程质量和班组素质，最终实现主动或被动"我要品质"的目标。

项目经理：定方向（保证质量底线），给政策（明确总工和副经理在质量工作中的责任分工，给予总工以及副经理对施工队伍一定的奖惩权限，以便于加强队伍质量工作的推动），关注结果（重视首件指标，前期宁可牺牲进度、顶着队伍反弹的压力也要先形成标准、立下规矩；对于涉及交工验收的基本指标，保持长期关注，一旦出现失控苗头，立即介入）。

总工：提问题（善于发现问题，敢于提出问题，而不是理解现场的难度就要降低质量标准），定标准（明确重点控制标准和质量底线），强监督（质检工程师、测量试验配合），严奖惩（班组、现场、班子）。

副经理：强执行（带领技术员及班组不打折扣落实既定的方案及工艺；坚决执行奖惩决议，快速整改、举一反三），会思考（带领技术员主动学习，懂方案、知标准，具备质量问题的识别能力；遇到问题首先带领班组自行研究，工作总归是自己的，不是被动等着别人来解决），能协调（做好班组思想工作，带领班组执行）。

2.班组纳入质量管理体系

理顺管控环节，抓班组源头管控。加强项目质量管理部门和经营部、工程部的联动，将每季度汇总的质量问题项，作为项目核算结算、队伍评价的支撑依据。建立并推动落实"项目+工区"质量三级管理，第一级为项目整体业务流程，第二级为每项工作要达成的精度与标准，第三级为工作证据样表或样本，加强质量全过程管控。将质量管理体系穿透到班组，定期组织班组开展质量管理培训工作，使他们能够深入了解质量管理工作的重要性和必要性，从而增强其质量管理意识，强化质量管理措施在班组的落地执行。

（三）全面考核引导源头控制

1.减水剂内部管理模式的创新与探索

创新减水剂厂家技术管理模式，打破从项目到公司的运行模式，公司垂直对接各自建站项目聚羧酸减水剂事宜，规范减水剂的选用。制订翔实的减水剂适配三级考核要求，推行招标前技术试配证明流程，新管理模式带来的效益显著。项目在混凝土施工方面的成本和质量综合效益有所提升，减水剂消耗总量偏高的趋势得到有效遏制，减水剂供应商赴现场解决问题的主动性和成效性有所加强，混凝土结构的总体质量水平呈上升态势。

2.自建拌合站"公司+项目"二级管理模式

公司负责自建拌合站建设方案中有关生产技术配置的审查，并对其生产能力与服务水平进行期间调查及评价，且与队伍招标投标挂钩。

项目试验室须参与自建拌合站招标合同中的技术参数、设备配置条款的预审及上报；每季度采集一次自建拌合站生产能力、服务水平等方面的生产过程资料；负责管控拌合站混凝土生产质量，监督、指导生产流程；维护拌合站数据监控系统正常运行；参与拌合站队伍阶段计量结算资料签认；有权要求撤换不能胜任及不服从管理的拌合机操作人员。

3.自加工机制砂规范化进程

公司通过参加学习机制砂石生产及检测方面的前沿发展技术与理念、加强与机制砂石装备龙头企业交流、总结机制砂历年的生产和应用经验，编撰了适应项目实际需求的《机制砂石自加工生产技术指南》，制定了《机制砂内控质量标准》。推动公司自加工机制砂石料场场地规划、设备选型、工艺优化的规范化进程。

（四）紧抓合同确保品质目标

1. 深入背调，严格班组准入

公司建立协作班组数据库，严格实行班组入库、考核、筛选制度，在招标时对在库班组业绩进行全方位背景调查，严控班组招标进场；合同签订时实行班组长履约及考核制度，要求协作班组委派指定的班组长履约并在过程中进行考核。

2. 四新工序进合同

公司收集实用性高、推广价值高的四新五小及合理化建议，按照工序划分，出版《四新应用标准化施工图集》，核查四新图集可实施的工程部位，写进对应的分包合同。结合班组首件制，明确管控指标，确定切实可行的质量标准，严格落实。将工艺细化、数据及工具固化，最大限度地限制工人自由发挥余地，尽可能让技术员抓住核心工艺和关键工序。大力推行工程质量管理标准化，推进质量行为管理标准化和工程实体质量控制标准化。

（五）深耕标化夯实品质基础

1. 工艺标准化

在全国助推品质工程建设、标准化施工的当下，施工现场工点标准化、工艺标准化、工序标准化成了不可或缺的一部分。公司结合项目施工实际，积极开展标准化施工攻关，从每道工序出发，固化施工步骤，量化质量标准和生产工序，推出《桥梁施工标准化手册》《路基施工标准化手册》《隧道施工标准化手册》及《城市与房建板块"三个建造"》，大大提升了现场施工标准化水平。

2. 场地标准化

公司结合项目施工情况，积极落地场地标准化，推出《项目临建场地标准化图册》《预制梁场建设标准化图集》《工序作业安全措施标准化应用手册》等，大大提升了施工现场场地标准化水平。

四、企业质量安全管理

（一）质量管理体系建设

1. 党建质量安全环保一体化

为全面落实党对安全生产工作的领导，公司党委工作部牵头，科学技术质量部、安全监督部参与，制定《"党建安全环保质量一体化"专项活动方案》，从"组织、管理、价值、责任"四个方面，推动党建工作与质量安全工作深度融合，引导各机关党委、各基层党支部强化责任担当和争先意识，发挥全体党员先锋模范作用，形成"打通安全生产最后一公里"的强大攻坚力，营造安全环保质量一体化建设浓厚氛围。

2. 推行质量安全分级管理

公司结合发展实际和战略部署，根据技术难度、(超)危险性较大分部分项工程（简称危大工程）、品牌影响、市场区域等多重维度，建立了重大关键项目分级管控体系，从技术、质量、安全风险全过程跟踪监督的角度，进一步明确公司总部、各事业部、各单位盯控项目清单及重点，明确各级管理职责、主体责任，将每一道工序、每一个环节、每一个岗位都纳入质量、安全管理范畴，确保质量、安全管理工作始终贯穿于企业经营生产全过程。各单位配置专职质量、安全管理人员，做到事事有人管，加强全面质量、安全管理。项目层面，根据重大关键项目分级管控标准，差异化设置质量管理机构，配置专职质检员、安全员、质检工程师、质量总监、安全总监、首席质量官等，严把工程质量、安全最后一道关。

3. 系统推进质量标准化建设

以生产现场为中心，以质量行为标准化和工程实体质量控制标准化为重点，分板块、分专业组织编制并发布《一公局集团施工技术及工程质量管理标准汇编》《城市房建工程工艺工序标准化实施指南》等多项现场标准化作业手册、工程实体质量控制标准、工序质量过程控制指南等，指导和督促各项目上标准岗、干标准活，以标准化作业保证安全质量、安全可控，强化基础管理，推动项目管理制度化、程序化。

4. 稳步推进质量终身责任制

深入推进质量"一岗双责"，执行质量信息档案制度，实施质量工作留痕管理等，提升质量责任可溯源性，切实推动落实项目经理质量责任终身制。对在质量管理创新、创效、创优中作出突出贡献的个人给予奖励激励，对质量事故或重大质量问题中负有质量责任的个人严肃追责。

5. 全面落实全员质量责任制

按照"一岗双责"原则，建立健全分级管理、逐级负责、横向到边、纵向到底、层次分明、责任到位的质量管理体系，各层级岗位职工根据职责划分签订《质量责任书》，项目与分包队伍签署《劳务协作队伍质量承诺书》和《劳务协作队伍质量责任书》。

（二）质量安全双首件制度

1. 安全首件制管理

为进一步确保项目危大工程及大型设备现场施工满足安全生产要求，对后续大规模施工提供针对性指导和可靠保障，公司下发《危大工程及大型设备首件制指导意见》，对工程（设备）的首件工程实行安全条件确认与申报、施工过程旁站和监督、验收总结、固化推广的全过程管控。一方面，通过压实各级管控责任，及时发现化解实施风险，保证首件工程实施过程安全可控；另一方面，通过验收总结形成安全可行的方案、工艺、流程和标准，保证后续同类工程实施的安全受控。

项目经理为危大工程及大型设备首件制总负责领导，牵头制定首件工程计划清单，在清单中明确各首件工程的具体牵头领导和牵头部门，原则上以技术方案为主的首件工程，项目总工为牵头领导、技术部门为牵头部门，以设备安拆为主的首件工程，分管设备领导为牵头领导、设备部门为牵头部门，以施工组织为主的首件工程，分管生产领导为牵头领导、施工部门为牵头部门，具体分工由项目经理结合项目实际和工程实际来确定，牵头领导和牵头部门负责组织实施，其他相关领导和部门按职责参与实施。

2. 质量首件制管理

为加强工程质量的监督与管理，消除质量隐患，争创精品工程，公司制定《首件制实施细则》，同步开展质量首件制，实现安全生产条件确认、现场实施、验收与监督、固化推广的全过程管控，并及时将施工方法、工艺流程、质量控制要点、交底培训固定化、标准化，为后续同类工程大面积施工提供指导。

首件样板由项目总工程师任组长，生产副经理、项目总经理、安全总监任副组长，相关各部门配合。首件样板验收通过并组织再次培训后，施工推广由项目副经理负责，项目总工、质检工程师等履行正常生产应担负的职责。首件样板一般以分项工程或相对独立的关键工序为单元，1个专项施工方案包含1个或多个首件，1个首件包含1道或多道工序，在质量策划书中制定《关键工序识别及首件样板计划表》。

（三）质量风险识别与管控

（1）根据项目特点及选定工艺工装，对项目存在的质量风险、产生原因（管理或技术）、控制难度等级等进行识别，并在技术方案中明确针对性解决措施，不定期发布质量风险提示。

（2）分板块建立标准化施工方案模板库，提高方案编制效率及质量；专人盯控方案动态管控清单，按周通报，按月考核，保证方案先行。组织建立技术交底模板库，保证交底质量；高大模板搭设、深基坑支护及开挖等重要工序采用可视化交底与纸质交底结合的方式，提升交底效果。

（3）结合项目重难点、施工工艺、风险影响程度等因素，建立公司质量风险分级管控台账，将风险划分为重大风险、较大风险、一般风险三个等级，根据风险等级不同实施挂牌监督。明确对应公司、项目、协作队伍三个层级牵头责任人，制订预控措施，管控项目质量风险。"红"牌项目重点督导，必要时技术质量与数字化部驻场，每周通报进展情况，直至风险解除；"黄"牌项目持续关注，定期开展视频检查与"回头看"；"绿"牌项目为节段免检项目，除正常巡检外，由项目自主把控生产。

（4）分专业发布《质量通病防治图集》《质量标准化图册》，将质量通病治理管控措施写入施工方案，交底到班组，将通病预防落实到生产一线。

五、企业质量品牌和企业发展成绩

公司始终把为社会和用户提供优良工程、优质产品和优秀服务作为使命，把不断提升质量管理水平作为企业健康发展的基石。公司大力打造"专精特新"工程，在特大桥梁、长大隧道、超大盾构、超高层建筑、大型城市综合开发等领域创造了优异成绩，突破了一批"卡脖子"技术，取得了卓越信誉，被列为"双百行动"企业、世界一流专业领军示范企业。

荣誉：

1. 国家优质工程奖：73项

2. 鲁班奖：31项

3. 詹天佑奖：16项

4. 连续三年获得公路市场信用评价超80项

5. 国家级科技进步奖：3项

6. 中国专利优秀奖：2项

7. 省部级科学技术奖：550项

8. 省部级以上工法：1132项

9. 有效专利：4870项

10. 国家级研发课题：10项

11. 主编、参编行业及国家标准规范：36 项
12. 省部级以上课题：79 项
13. 国家级技术中心：1 个
14. 省部级技术中心：17 个
15. 高新技术企业：28 个

强化质量体系建设、推动企业高质量发展

——中铁建设集团有限公司

第一部分：企业概况和企业质量战略、质量文化建设

（1）企业概况。中铁建设集团有限公司是世界500强中国铁建股份有限公司的房建旗舰企业，成立于1979年，前身是中国人民解放军铁道兵89134部队，具有建筑、市政施工总承包特级资质，房地产开发一级资质等11项行业最高等级资质，设有工程研究院和中国铁建绿色低碳产业技术研究院。企业注册资本金35亿元。在建项目600余个，在施面积超7000万m^2，员工1.5万余人。中铁建设致力于成为品质卓越的城市建设服务商，以承建"高、大、特、精、尖"工程著称，立足工程承包、房地产开发、资本运营、制造与流通四大核心版块，为城市建设提供解决方案及全产业链服务。

（2）质量战略。秉承"逢山凿路、遇水架桥"的铁道兵精神，追求客户满意度更高、品牌影响力更强的发展模式，按照"周密策划、精心建造、优质高效、实现承诺"的质量方针，始终坚持将产品质量作为企业的生命线，精心建造与时代发展相适应的精品工程，始终履行央企的使命和责任，有诺必践、使命必达，为我国经济社会发展作出新的更大贡献。

（3）质量文化。将勇争一流的进取意识融入质量管理，坚持"双百"方针，质量为首、信誉取胜。

第二部分：企业质量管理制度、流程、措施

中铁建设集团围绕"抓基础、控风险、强标准、创品牌"的管理目标，从过程关键工序管控出发，围绕《集团公司质量管理办法》，建立了一套科学、严谨、全面、高效的质量管理制度体系。

（1）企业质量管理制度。以"抓基础、控风险"为目标，建立了关键工序、隐蔽工程、实测实量、质量红线、不良行为、劳务评价、监督检查及责任追究等8项核心管理制度，旨在夯实质量管理基础，有效防控各类质量风险。以"强标准、创品牌"为导向，制定了质量策划、质量样板、质量创优及实体质量标准化等4项关键管理制度，旨在通过强化标准执行，不断提升工程质量水平，积极打造企业质量品牌。为了确保各项管理制度的有效落地和执行，还配套制定了《二级单位总部技术质量管理工作标准化清单》和《项目全员质量责任及工作清单》等细化文件，明确了各级单位质量管理部门的工作标准，以及项目全体成员在质量管理中的具体职责和工作要求，从而形成了层次分明、重点明确、操作性强的质量管理体系（表1）。

质量制度体系建设 表1

序号	类别	文件名称
1	核心制度	质量管理办法
2		试验、测量、计量管理标准
3		质量创优管理标准
4		工程项目技术质量管理不良行为认定及处理办法
5		劳务分包商质量信用评价管理制度
6		工程质量责任追究管理标准
7	管理清单	二级单位技术质量职能部门管理行为和职责清单
8		项目全员质量责任及工作清单
9		工程质量关键工序清单
10		工程质量隐患管理清单
11		专业分包工程质量关键控制点清单
12		建筑和市政工程技术、设备、材料淘汰目录
13	企业标准	工程实体质量标准化手册
14		高优项目实体质量标准化手册
15		混凝土全过程质量管理企业标准
16		工程防渗漏施工技术标准
17		项目技术质量工具书

（2）企业质量管理流程。中铁建设集团质量管理流程分为三级，集团公司技术质量部门负责建立质量管理规章制度及指导性文件，定期分析质量目标实现情况，采取有效措施保证质量管理体系持续有效运行，对所属各单位的质量管理体系建设和运行情况进行指导、监督、检查，对质量管理履职情况进行考核。二级单位技术质量部

门负责确保集团公司质量方针、质量目标、程序文件和有关质量管理要求在本单位有效实施，对所属各单位的质量管理工作实施业务指导，组织质量攻关与质量管理的持续改进，进行质量监督控制，保证工程、产品、服务质量满足合同约定及集团公司下达的质量目标要求。项目部负责切实贯彻执行上级单位质量管理规定，负责质量策划、实施、检查与改进，确保集团公司质量方针、质量目标、程序文件和有关质量管理要求在本单位有效实施，确保工程、产品、服务质量达到预定目标（图1、图2）。

集团执行质量（创优）策划管理机制，集团公司技术质量部门依据集团公司战略规划、合同约定制定质量管理目标和创优滚动规划，编制年度目标并分解到各二级单位。各二级单位应根据集团公司下达的年度质量管理目标和承揽合同所要求的质量目标，将目标分解到所属单位，并与其签订质量管理目标绩效责任书，明确质量管理目标及责任。各三级单位应对质量管理目标进行分解，制订具体的、可量化的、分阶段的目标，分工明确、责任到人。项目经理部应根据工程特点，以建造过程精品为目标，以关键工序、重点部位为对象，结合工程质量目标和创优评审标准开展质量策划，编制《质量策划书》，策划应有针对性、可行性和指导性，宜分阶段进行。二级单位应按照集团公司相关要求指导项目部开展质量策划，对策划文件进行审批，并对质量策划实施的关键环节进行现场指导（图3）。

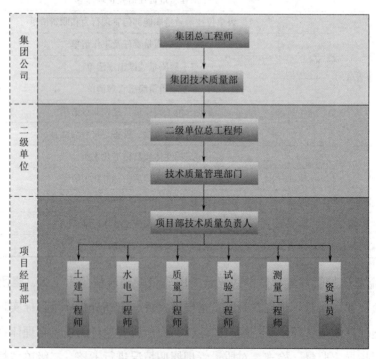

图1　三级质量管理组织架构图

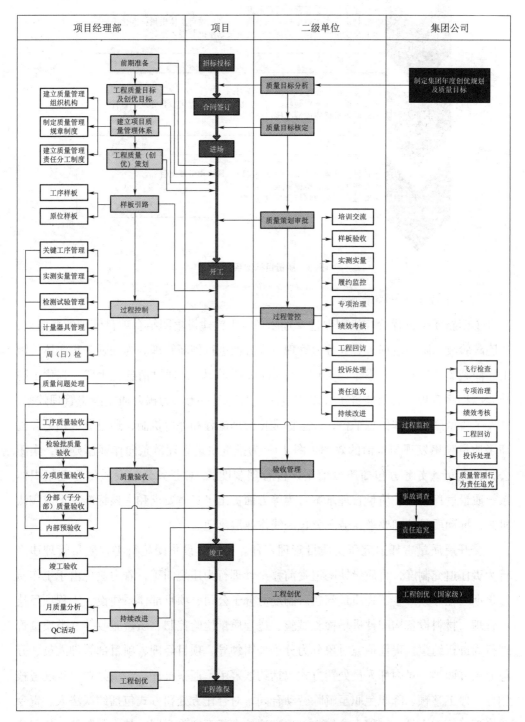

图 2 三级质量管理工作流程图

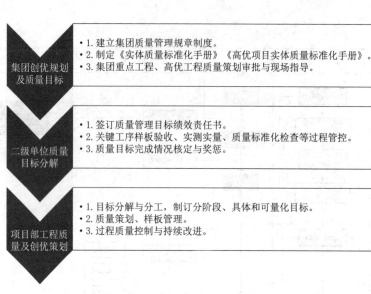

图 3　质量目标体系运行图

（3）企业质量管控措施。

①创新质量过程管控机制促进管理闭环。中铁建设集团结合项目管理的薄弱点，从隐蔽验收、隐患治理、劳务分包管理三个方面进行创新管理。为加强工程实体关键工序隐蔽验收管理，开发了"关键工序隐蔽验收模块"，通过信息化手段，强化了隐蔽验收程序管理，有效监督了技术质量人员的管理行为。为提升质量隐患管理效率，开发了质量隐患治理信息平台，设置标准化治理流程和评价机制，通过分级预警，提高了质量隐患发现与整治的效率（图4）。为推进质量管理链条向作业层延伸，集团公司制定了《劳务分包商质量信用评价管理制度》，对劳务分包商质量管理组织体系、质量过程管理、质量管理基本行为等方面提出了具体要求和考核标准，形成淘汰机制，推动质量管理要求在劳务分包一线作业层落地。

②开展质量责任追究压实质量管理责任。中铁建设集团施行工程质量管理违规行为责任追究制度，将质量缺陷追责前移至管理行为违规纠正，着力避免由于工作质量长期不佳导致产生工程质量问题。制度对分子公司、项目部体系建设、工程项目技术管理、材料设备构配件进场检验试验、过程质量检验控制、质量验收等9类质量管理行为进行约束，责任追究对象分为分子公司领导、项目经理、项目部管理人员、分包分供方四类，对内部人员处罚方式包括约谈警示、通报批评、经济处罚、年度考核扣分、停工整顿、降职免职至解除劳动合同，对合作方处罚方式包括约谈法人、责令调换现场管理人员、赔偿经济损失、追究违约责任至解除合同、禁入限制等。集团公司、分子公司在日常检查时依据制度纠正管理行为，提升了全员的规范意识。

中铁建设网络通知

编号：建技质网〔2024〕41号

签发：孙洪军　　会签：吴永红　　核稿：姜凯天　　拟稿：林巨鹏

　　　　　　　　　　　钱增志　　　　　李长勇　　电话：51812898

主送：集团所属各相关单位

关于集团公司2024年上半年劳务分包商质量信用评价结果及应用的通知

根据集团公司《劳务分包商质量信用评价管理制度》（建技质〔2022〕243号）和《关于开展2024年上半年劳务分包商质量信用评价的通知》（建技质网〔2024〕26号）的相关规定，集团公司组织各施工类二级单位，对主体结构劳务、粗装修劳务、水电安装劳务、精装修劳务、幕墙安装劳务以及水电安装劳务班组，围绕劳务分包商的质量管理体系、质量管理行为、实体施工质量及质量履约情况等，开展了2024年度上半年集团公司劳务分包商质量信用评价工作。现将相关评价情况、评价结果及管理要求通知如下：

一、评价开展情况

集团公司各施工类二级单位共对330项工程850个劳务分包商开展了1187批次的评价；本次评价针对在2024年4月1日以前进场实际施工且有形象进度的劳务分包商，包含：各单位主体结构劳务、粗装修劳务、水电安装劳务，装饰公司的精装修劳务、幕墙安装劳务，机电安装公司的水电安装劳务班组。各单位评价开展情况详见下表：

附件：

1. 2024年度上半年集团劳务分包商质量考评汇总表（主体结构劳务）
2. 2024年度上半年集团劳务分包商质量考评汇总表（粗装修劳务）
3. 2024年度上半年集团劳务分包商质量考评汇总表（水电安装劳务）
4. 2024年度上半年集团劳务分包商质量考评汇总表（精装修劳务）
5. 2024年度上半年集团劳务分包商质量考评汇总表（幕墙安装劳务）
6. 2024年度上半年集团劳务分包商质量考评汇总表（机电安装劳务班组）

中铁建设集团有限公司

2024年7月12日

批量下载

1. 附件1 2024年度上半年集团劳务分包商质量考评汇总表（主体结构劳务）.pdf (106KB)（在线查看）
2. 附件2 2024年度上半年集团劳务分包商质量考评汇总表（粗装修劳务）.pdf (92KB)（在线查看）
3. 附件3 2024年度上半年集团劳务分包商质量考评汇总表（水电安装劳务）.pdf (109KB)（在线查看）
4. 附件4 2024年度上半年集团劳务分包商质量考评汇总表（精装修劳务）.pdf (121KB)（在线查看）
5. 附件5 2024年度上半年集团劳务分包商质量考评汇总表（幕墙安装劳务）.pdf (60KB)（在线查看）
6. 附件6 2024年度上半年集团劳务分包商质量考评汇总表（机电安装劳务班组）.pdf (333KB)（在线查看）

____年度__半年劳务分包商质量否决项考评表

ZTJSJSZL0212B1

工程名称：　　分包单位：　　分包负责人：　　专业类别：

序号	指标名称	描述	考核情况	结论
1	质量评价否决项	发生以下任一款情形，集团公司可直接行使否决权，劳务分包商工程质量信用整体评价列为C级： 1. 因施工质量问题造成四级及以上质量事故，或导致人员伤亡的。 2. 因施工质量问题造成负面舆情事件或社会群体事件，对集团公司形象造成较大负面影响的。 3. 违反国铁集团质量安全红线管理规定，达到认定标准的。 4. 因劳务分包自身原因造成集团公司被限制招标投标、市场准入的情形		

填报说明：本表内容由集团公司评价。

____年度__半年劳务商分包质量信用考评表（二级单位）

ZTJSJSZL0212B2

工程名称：　　分包单位：　　分包负责人：　　专业类别：

序号	指标名称	描述	考核情况	分值	实得分	备注
1	质量满意度	因分包施工质量原因造成以下情况的： 1. 被政府监督部门或建设单位通报批评或行政处罚的，每次扣5分。 2. 约谈集团或二级单位的，每次扣10分。 3. 被国铁集团、中铁地产等战略合作方考核评价扣分造成排名倒数30%或等级为最低的，每次扣5分。 4. 被建设单位、监理单位或使用单位质量投诉的，投诉至集团公司每次扣10分，投诉至二级单位或区域经营指挥部每次扣5分，被项目部投诉至二级单位每次扣3分。 5. 二级单位自行规定的扣分情况。 6. 此项得分扣完为止		30		
2	工程质量实测实量	1. 实测实量合格率高于95%（含95%）得30分，90%（含90%）至95%之间得25分，85%（含85%）至90%之间得20分，80%（含80%）至85%之间得15分，75%（含75%）至80%之间得10分，70%（含70%）至75%之间得5分，低于70%得0分，计算得分线性插入。 2. 各二级单位可结合本单位实测实量管理应用办法，自行制定本条考核标准		30		
3	实体质量标准化	1. 应用率高于90%（含90%）得40分，80%（含80%）至90%之间得30分，70%（含70%）至80%之间得20分，60%（含60%）至70%之间得10分，低于60%得0分，计算得分线性插入。 2. 各二级单位可结合本单位实体质量标准化管理应用办法，自行制定本条考核标准		40		
		总分		100		

填报说明：本表内容由二级单位评价。

____年度__季度劳务分包商质量信用考评表（项目部）

ZTJSJSZL0212B3

工程名称：　　分包单位：　　分包负责人：　　专业类别：

序号	指标名称	描述	考核情况	分值	实得分	备注
1	质量组织体系	各劳务分包商应按照分包合同要求数量配齐技术质量管理人员，且专业技能、业务素质应满足施工管理的要求，此项得分=实际配置人数/应配置人数×此项应得分，配置人员专业技能、基本素质不能满足施工管理要求且未及时调整更换的为无效人数，不计入"实际配置人数"值		30		
2	质量过程控制	1. 针对集团各级单位、建设单位、监理单位、政府监督部门质量检查中提出的质量问题，存在影响结构安全或重要功能的质量问题，或符合集团A级、B级隐患的质量问题，每类问题扣2分。 2. 根据集团公司质量隐患分级管控要求，A级隐患逾期未整改每起扣3分，B级隐患逾期未整改每起扣2分，C级隐患逾期未整改每起扣1分，D级隐患逾期未整改每起扣0.5分。 3. 相同质量问题或质量通病反复发生（3次以上），未有效持续改进，每一类问题扣2分。 4. 二级单位自行规定的扣分情况。 5. 此项得分扣完为止		30		
3	质量管理基本行为	1. 未按照设计图纸、方案施组、技术交底要求进行施工的扣5分/次。 2. 劳务分包商未执行班组自检程序，或自检流于形式，导致分包自检合格后仍存在大量质量问题进行报验的，每次扣3分。 3. 出现质量问题不及时上报项目部，并擅自处理影响结构安全或施工功能的，每次扣5分。 4. 对项目部下发的整改通知单响应不积极，或拒不整改的，每次扣2分。 5. 不按项目工序安排，盲目作业，造成其他专业返工或破坏的，每次扣3分。 6. 劳务分包商提供的辅料质量不合格的，每次扣5分。 7. 通过隐蔽验收后，擅自对隐蔽工程进行更改导致隐蔽工程实质不合格的，每次扣5分。 8. 以工程质量不合格之名恶意举报或发布不当信息的，每次扣10分。 9. 二级单位自行规定的扣分情况。 10. 此项得分扣完为止		40		
		总分		100		

填报说明：本表内容由项目部评价。

图4　劳务分包商质量信用评价

③开展"飞行检查"考核评价促落地。集团公司从 2015 年开始推广飞行检查考核评价，编制了实测实量标准化操作手册，统一和规范工程实体质量实测实量检验方法、数据记录及评价标准；开发了实测实量信息模块，统计分析质量薄弱环节，并逐步引入智能回弹仪等设备与系统挂接，提高了实测数据的真实性；制定了实测实量管理细则，将检测结果与项目部的绩效挂钩、与劳务队的评价及付款挂钩。从多年运行效果看，实测实量作为推动质量管理的一项有力措施，保证了竣工交验的品质。

④实施竣工工程质量预验收促精品交付。集团公司建立了工程预验收分级管控制度，规定：一般工程分子公司组织预验收，重点工程（包含所有国优奖目标工程）集团公司组织预验收，未经内部预验收一律不得进行外部验收，不能履行签章手续。制度规定了"八验二不验"，即：8 大项、73 小项必须现场验收，对重要试验数据和结论进行测量复核，验证质量可靠性；4 种未完成工程设计和合同约定的情况、20 种重点分部分项存在质量问题的情况，不得通过验收。竣工预验收制度的有效执行，大幅消除了带病移交的现象，减少了维保的工作量，降低了工程在使用过程中的质量安全隐患。

第三部分：企业质量管理创新

中铁建设集团围绕"抓基础、控风险、强标准、创品牌"的工作思路，聚焦质量体系建设管理，努力提升体系运行质量和效率。通过质量综合管理评价，强化内外部两个穿透管理，持续推进工程公司的建设，提升法人管项目的工作质量；通过规范实体质量标准化做法、管理行为标准化动作，提升实体质量水平；通过落实各岗位质量管理工作清单、质量管理不良行为清单，推进全员质量责任体系有效运行（图 5）。

（1）"两个穿透"推进工程公司建设。穿透业务系统管理层级：集团公司定期开展"进驻式"质量管理综合评价，抽查工程公司不同质量评价等级项目，检查围绕实体质量标准化应用、质量红线整治、专项治理行动成效、重点制度落实情况等方面展开。通过分析项目端共性和突出问题的成因，找出工程公司体系运行的薄弱环节，形成《质量体系综合检查结果反馈及改进建议》，明确改进要求和完成时间，持续提升工程公司的管理能力。第三季度通过对三个工程公司的综合评价，提出系统运行改进建议 20 项，对工程公司在机关组织架构的优化、工作流程的调整、人员考核调配、项目岗位职责明确、分包质量评价落实等方面发挥了较好的促进作用。

穿透质量信息沟通壁垒：集团公司、工程公司通过质量隐患治理平台的应用，按

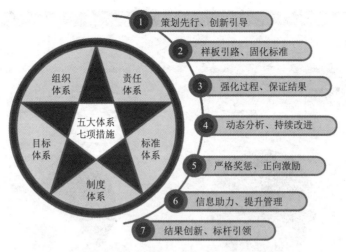

图 5　五大体系，七项措施

周对项目建设单位、监理单位、监管单位的检查记录、会议纪要进行分析，每月形成分析报告，聚焦风险项目的体系完善和风险问题的闭环处理。公司通过强化内外部穿透的管理，提升对项目质量管理监督的全面性、及时性、精准性，进而提升监管效能。第三季度公司共收集外部评价 470 余份，通过外部评价信息分析发现问题 1800 余条，其中涉及红线问题 68 项，较大质量风险隐患 55 项，均在公司监督下实现了质量隐患的消除（图 6）。

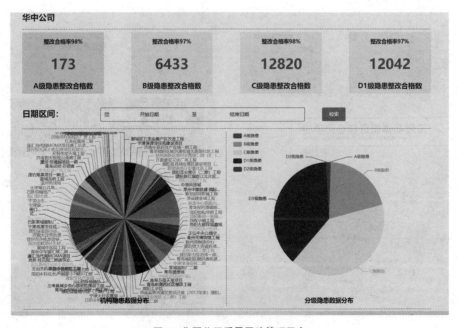

图 6　集团公司质量风险管理平台

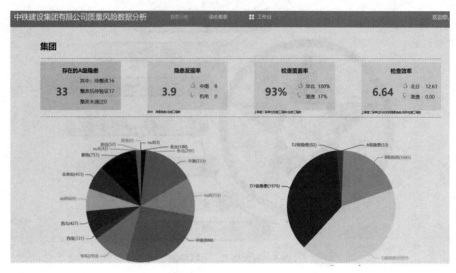

图 6　集团公司质量风险管理平台（续）

（2）"两个标准"提升工程实体质量。实体质量标准化：针对工程公司因地域差异存在的质量工艺做法不同的情况，集团公司统一了工程实体质量标准化做法，建立了相同的考核评价标准。从清单落实率、落实质量两个维度对项目考核打分，促进标准化的落地。2018年考核评价标准发布以来，工程公司每季度通报在施项目标准化落实成绩，并与劳务分包质量信用评价、项目部绩效考核排名、总工质量档案等关联（图7）。

图 7　集团公司质量标准化手册

集团公司引入三方实测实量单位，每半年对工程公司的标准化落实情况考核打分，对综合排名前两名的单位绩效考核加分，后两名的单位扣分。

管理动作标准化：针对不同工程公司之间的管理习惯和效率差异问题，集团公司系统梳理了工程公司总部机关的重要质量管理行为和职责，从"体系建设、技术内控、技术创效、质量内控、质量创优、科技创新"六方面，提出81项标准化管理动作要求，作为集团公司对工程公司质量业务综合考核评价、年度考核内控指标的重要依据，以保障工作要求的落地实施。以标准化体系建设促进工程实体质量提升，近五年公司实体质量标准化落实率稳定提升到88%、实测实量综合合格率提升到90%，管理效能提升显著（图8）。

图8 二级单位总部技术质量管理工作标准化清单

（3）"两个清单"夯实全员质量责任。全员质量责任工作清单：集团公司根据股份公司质量管理"四个责任"的工作要求，系统梳理了工程实体质量形成的各个环节，对项目部包括工程、物资、商务等部门在内的16个岗位的质量管理工作职责进行了细化，明确了277项重点工作，形成了《项目全员质量责任及工作清单》。项目部需在工程开工一个月内建立清单，由项目经理签发实施，过程中动态调整，并将清单中工作完成情况纳入项目员工的绩效考核指标。工程公司对项目清单建立情况、履职情况和考核情况等进行监督，并将相关管理成果纳入过程管控考核范畴（图9）。

图 9 项目全员质量责任制

质量不良行为认定清单：集团公司将重大技术质量风险与项目员工岗位职责进行匹配，明确在项目策划、采购、实施、监督等关键工作中各岗位人员的质量责任，对 42 个管理事项作出了工作规定，明确了工作重点和防范措施，并对可能出现的违规行为制定了认定标准，形成了《中铁建设集团有限公司工程项目技术质量管理不良行为认定清单及处理办法》，以达到不断强化全员风险意识和责任意识的目的。工程公司将不良行为认定结果在员工年度绩效评价中应用，并与员工的岗位晋升、职级评审相关联。集团公司对落实过程和效果进行监管。2024 年前三季度共认定不良行为 443 起，其中一般不良行为 282 起，较大不良行为 127 起，重大不良行为 34 起。全员质量责任意识提升显著（图 10）。

第四部分：企业质量安全管理

中铁建设集团始终坚守"质量至上、安全第一"的理念，着力构建覆盖项目全过程的质量安全防控体系。集团发布质量红线管理标准以及重大质量隐患清单，以此为依据指导各项目精准识别质量安全相关风险，科学开展防控工作，并按照相应级别实施分类管理。集团积极下沉至项目一线，常态化运用"四不两直"方式开展综合检查，并进行考核评价，切实保障制度体系在实际运行过程中的质量与成效。

中铁建设集团有限公司文件

建技质〔2023〕306号

关于印发《中铁建设集团有限公司 工程项目技术质量管理不良行为 认定及处理办法》的通知

所属各单位：

经集团公司研究决定，现对《中铁建设集团有限公司工程项目技术质量管理不良行为认定及处理办法》予以印发，请遵照执行。

2023年12月5日

图10　工程项目技术质量不良行为认定及处理办法

（1）筑牢"十二条质量红线"守底线。参照国铁集团质量安全红线管理办法，集团公司制定了《中铁建设集团有限公司工程质量红线认定标准及检查要点》，规定了十二条红线质量红线：桩基质量不合格；渗漏水；结构裂缝；钢筋连接接头不合格；混凝土强度不符合设计要求；钢结构构配件制作安装不合格；后浇带未独立支撑；外墙保温存在脱落隐患；电气接地预留不符合设计要求；使用不合格电线、电缆；隐蔽未经试验或试验不合格的管道及设备；给水系统管道、附件未达到饮用水卫生标准。集团公司和分子公司以强化集团公司十二条质量红线为重点开展飞行检查，检查引入第三方，以检测数据为依据，本着坚持合理性、公平性和公正性的前提，对触犯质量红线的分子公司及项目严肃问责，全集团通报处罚决定。三级联动，形成强大合力，预防和杜绝质量事故发生，保证集团正常的经营秩序。

（2）严控"八项技术风险"保平安。集团公司持续关注重大技术风险，避免技术风险造成质量事故，对结构后锚固、无梁楼盖、深基坑、大跨度钢结构等八项重大技术安全风险从识别、分析、监控、跟踪、总结五个方面进行了系统性管控，形成了针对重大技术风险的全覆盖、全过程、全生命周期的管理机制（图11）。通过管理体系审核评价、标准化现场督查、飞行检查等措施，对重大技术风险的过程管控进行督导，强化了各级意识。集团公司持续加强高危方案的管理强度，建立了重大高危标准和内审机制，联合运营管理部、安全监督部、技术中心及外部专家审查重大高危方案，指导分子公司、项目部从关键环节控制技术安全风险。集团公司对技术安全风险工程实施过程进行现场检查，要求分子公司对实施过程进行旁站，提高了重大高危工程的安全系数。开发了"智能监测平台"，实现深基坑工程的水平位移、竖向沉降和锚杆轴力变化监测，模板支撑、钢结构安装等危大工程的远程视频监控，提高了技术质量风险的防控效能。

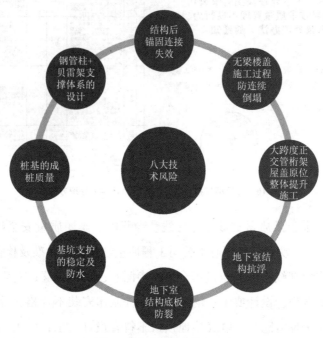

图11　集团公司八大技术风险

（3）三级督导检查机制促风险识别。集团公司制定了详细的分级督导检查机制，集团每季度开展一轮次专项督查，二级单位每月对建设项目排查一次，重点围绕重大事故隐患情况，隐蔽工程质量隐患情况，危大工程方案论证、审批、执行情况，质量安全首要责任和主体责任落实情况等内容，确保每一个环节都符合质量要求。项目经理部每周开展一次质量风险自查自纠工作，发现问题及时上传集团公司自主研发的"质量风险管控信息系统"进行闭环管理。

（4）质量隐患分级管理促整改闭环。集团公司系统梳理了房建工程、市政工程主要工程质量隐患，制定并发布了质量隐患清单，内容包含1249项工程质量隐患内容。按照不同的影响程度对质量隐患进行分级管理，A类隐患分子公司总工程师组织处理、B级隐患项目经理组织处理、C级隐患项目总工程师组织处理。开发了隐患治理的信息平台，系统不仅实现了质量隐患闭环处理，还可对分子公司职能部门、分子公司管理人员、项目部、项目管理人员、劳务队等各层级和人员的质量管理行为进行比对和通报，系统在隐患治理、流程固化、隐患预警、统计分析等方面发挥了重要作用（图12）。

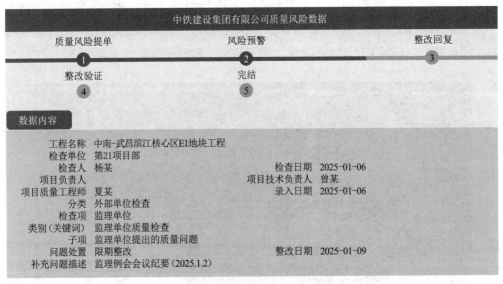

图12 质量隐患闭环管理

第五部分：企业质量品牌和企业发展成绩

中铁建设集团以"建造时代精品，创造和谐环境"为企业使命，推行"诚信创新永恒，精品人品同在"的企业核心价值观，始终将质量作为企业的生命线，持续贯彻执行双百方针，在施的结构工程均达到地方优质工程标准，总承包工程及专项承包工程的相关分部竣工达到工程所在地优质工程标准，率先推广的质量标准化管理体系引领企业品质升级，整体施工质量水平行业领先，质量创誉成绩卓越，市场信誉良好，市场口碑卓著，是中国铁建房屋建设的旗舰企业，是高速铁路客站建设的王牌军，企业质量品牌成为企业核心竞争力的重要组成部分。

中铁建设成立40多年，先后获得全国质量管理奖、全国实施卓越绩效模式先进企业、全国用户满意企业、全国最佳施工企业、全国文明单位、全国五一劳动奖状、全国企业文化建设先进单位、中央企业先进集体等荣誉。承建了北京环球影城主题公园、雄安新区安置房、三亚海棠湾购物中心等几百项国家重点和地标工程。作为"中国铁路站房建设主力军"，建设了昆明南站、南京北站、北京朝阳站、北京通州城市副中心站、中老铁路、拉林铁路、重庆东站等240余座国内外铁路站房。在投资领域开创"中铁建设开发模式",在全国20余个城市开发项目40余个,在开发中的土地面积约4000亩、建筑面积近900万m^2。建设援柬埔寨特本克蒙省医院等国际工程50余项,足迹遍布海外10余个国家和地区。自1993年参评以来,累计荣获国优奖75项、詹天佑奖14项,其中承建的昆明南站、北京环球影城主题公园(一期)(图13)项目同时荣获国家优质工程金奖、詹天佑奖,实现建筑业"大满贯"。

图13 北京环球主题公园同时荣获国家优质工程金奖、詹天佑奖

以诚实信誉为本　以优异质量取胜

——武汉市汉阳市政建设集团有限公司

武汉市汉阳市政建设集团有限公司（简称"汉阳市政"），具有市政公用工程施工总承包特级、建筑工程施工总承包特级和市政行业设计甲级、建筑行业设计甲级资质，同时还拥有公路、桥梁、水利、监理、检测、勘察、地产开发等全产业链资质。形成了以大型市政、房建工程施工、设计为主，并向多专业、跨领域延伸的经营结构，业务涵盖项目投资运营、勘察检测、设计咨询、工程施工、建材生产、房地产开发、城市综合运维、商业运营、物业管理、信息化产业、文化产业等领域，具有从投资、开发、建设到运营管理的全产业链管控能力。

全集团现有岗上职工 3000 余人，一本以上学历员工占比 80% 以上，各类专业技术人员达到 80% 以上。公司通过"国家高新技术企业"认定，设有"院士专家工作站""博士后科研工作站""省级企业技术中心"及"武汉市企业研究开发中心"。现为中国市政工程协会常务理事单位、中国施工企业协会常务理事单位、湖北省建筑业协会常务理事单位、武汉市市政行业协会会长单位。综合实力位居湖北省百强企业第 61 位，湖北省建筑业企业二十强。

成立近 70 年来，汉阳市政始终以"厚德善建，实干兴邦"为使命，先后承建了武汉鹦鹉洲长江大桥、东湖绿道、高新三路、中南设计之都、武汉市轨道交通二号线六号线等多条线路标段建设等重点工程。公司秉承"以诚实信誉为本，以优异质量取胜"的质量理念，铸造精品工程，荣获国家优质工程金奖、中国建设工程鲁班奖、全国市政金杯示范工程、湖北省市政示范工程、"楚天杯""黄鹤杯"等各类奖项 600 余项。公司荣获"全国抗击新冠病毒先进集体"、国家级"守合同重信用"企业、国家级"3A 信用等级企业""全国抗震救灾先进集体"、全国"工人先锋号"、湖北省先进基层党组织、湖北省五一劳动奖、湖北省法治建设示范企业、湖北省经济建设领军企业等荣誉称号。

优化质量体系，夯实质量基础

一、质量体系建设

集团公司质量管理体系建设以顾客为关注焦点，以质量发展战略和质量目标为牵引，以 ISO 9001 质量管理体系为参照，运用 PDCA 循环、QC 小组活动、过程管理、体系内审和外审等方法，建立各项质量管理制度和办理办法，如《质量管理手册》《工程项目管理规定》《质量管理标准化手册》《质量创优指导手册》等。公司通过宣贯质量管理制度、工程质量标准化指导手册、原材料送检手册、开展质量月活动等方式推动全集团各部门、各分子公司及项目人员提升质量意识，落实质量管理目标。

根据集团公司质量管理体系要求建立质量管理组织架构，集团质检部牵头负责集团质量管理体系建设，制定质量发展战略和质量目标，统筹整个集团的质量管理工作，对分子公司的质量管理工作进行指导和服务。各分子公司质检部负责本公司质量管理体系建设和完善，共同保证质量体系的正常运行和持续提升。

为进一步健全服务质量管理体系，首先，每年根据公司实际情况编制质量工作计划；其次，年底和年初优化修订质量手册、程序文件、流程文件、标准化手册、作业指导书等；最后，对修订的各标准化资料和作业指导书在各分子公司进行宣贯，各分子公司在项目部进行培训，确保新员工熟悉相关业务公司，避免出现差错。为了确保集团公司的各项管理制度能有效应用，每年年初召集各责任部门对现行制度进行全年系统审核，对不符合实际情况的内容及时予以修订。

二、质量战略和文化理念

集团公司以总体发展战略为依据，对总体战略中对质量职能的要求和竞争策略进行了系统分析和梳理，形成了质量子战略的方向和定位，并要求各分子公司结合集团提出的总体质量战略形成各自业务的质量战略，形成自上而下贯彻全集团的质量战略体系。集团的质量战略方向和定位为：树立以质取胜理念，以提供高效、优质的产品和服务赢得市场地位，提升汉阳市政品牌形象和影响力，实现企业高质量发展。

以核心价值观和企业精神为指导，通过总结公司的成果经验并征集员工意见，构建形成"以诚实信誉为本，以优异质量取胜"的质量文化理念，落实精细化施工，以产品质量塑造品牌。公司通过企业文化手册、员工手册、质量月活动、企业公众号宣传、《汉阳市政报》等方式将质量文化传达到员工和客户，全面提升全员质量文化意识，促使质量文化深入人心，广泛传播。此外，公司通过开展质量大讲堂、质量榜样人物评选、质量活动、培训活动等方式，结合精神激励和物质激励形式，树立标杆，落实质量理念和目标。

强化制度建设，助力质量提升

一、质量管理制度

建立"113N"高效质量过程管理体系。"1"套质量管理流程文件，以业务为导向，以客户为中心，提炼核心质量管控程序和要求，规范风险防范行为和标准，形成41个流程文件，促进管理提质增效。"1"项清单式质量管理处罚与奖励办法，提炼管控指标，细化奖惩标准，多样化奖惩手段，切实有效约束，保障质量管理执行。"3"个考评机制，以项目积分为核心考评基础，月度排名为定期成效考评手段，季度考核为绩效分配依据，不断激发质量安全管理活力。

形成了以集团分管领导牵头、分子公司部门、项目经理代表共同参与的质量管理调研机制，推出《项目分级管理办法》，对项目试行分级管控，提出树标杆、守底线口号，促进质量全面发展。同时，制定《施工段面交接管理制度》《加强沥青混凝土施工质量管理办法》《质量文明策划模板框架》《试验检测管理办法》《质量管理标准化手册》《质量创优指导手册》等制度，规范了项目施工现场质量自控程序和标准，从根源处杜绝问题的反复出现。

二、质量管理流程

公司每年实行"质量、环境、职业健康安全"三体系内部审核和外部审核，对三体系是否按照有效标准和规范进行运行开展评审。每年对体系的适用性、充分性和有效性进行管理评审，形成持续改进建议，并在今后的实施中落实。几年的实践，内外部审核对公司的质量管理起到了良好的推进作用。

集团对项目的管控实行日常巡查、月度检查、季度检查、专项检查进行管控，同时推行项目积分管理办法进行实时动态管控。对分子公司实行月度、季度排名和季度考核，主要针对质量人员体系建设、质量实测实量、质量抽检、质量通病、重要工序验收内容进行重点管控，切实通过全过程管理保障质量优良率，通过标准化管理提高工程质量，树立品牌。

三、质量过程管控措施

1. 项目策划工作

项目策划是项目工程质量管理的总体策划文件，项目实施前，依据公司制定的《项目质量策划模版》，根据项目特点和目标完成项目策划，从项目目标管理、过程实施、资料管理、亮点措施、精细化施工、重要工序识别与管控措施、质量通病防治措施、质量提升管控、信息化管理、竣工交付管理等进行策划编制，组织开展公司内部项目策划会。另外，也会结合项目实际情况，针对技术要求高、质量通病施工难度大、关键工序、对工程质量影响大或者是发生质量问题时危害大的对象设置控制点。具体的管理措施有：项目策划超前、项目建设智慧化、项目实施标准化、成品保护规范化、优秀案例大众化，保证成品工程质量。

2. 质量创优

质量创优工作是对创省级以上优质工程奖的项目，在开工之初，明确质量目标，制定质量管理体系，按照要求编制《质量创优策划书》，从项目的设计特点和难点、施工的特点和难点确定整个项目的质量控制重点，对质量目标进行分解，从技术、质量、安全、信息化等根据分目标制定相应的完成时间节点和措施，并将这些目标分解到部门、管理人员和施工班组责任到人。对于创建国家级质量奖项（国家优质工程奖、鲁班奖等）的项目，为确保质量目标实现，每年年初集团公司与分子公司，分子公司与项目经理签订目标责任书，季度进行评价，及时奖惩，与绩效挂钩。

制定20项管理流程，同时将项目依据合同造价、风险性、项目影响力、项目创优目标、单位时间产值和新技术新材料运用共六个方面实行A、B、C三级管控。集团对项目的管控采取日常巡查、月度检查、季度检查、专项检查进行管控，同时推行项目积分管理办法进行实时动态管控。对分子公司实行月度、季度排名和季度考核，主要针对质量人员体系建设、质量实测实量、质量抽检、重要工序验收内容进行重点管控，切实通过全过程管理保障质量优良率，通过标准化管理提高工程质量，树立品牌。

3. 样板引路

公司制定了明确的样板引路制度，明确样板引路的目的、原则、流程、责任主体及奖惩机制，确保样板引路工作能够有效实施。根据工程项目的特点，组织专业施工队伍，按照施工图纸、技术规范和样板引路制度的要求，合理选择具有代表性的施工部位或工序作为样板，确保制作的样板能够真实反映工程的整体质量和施工水平，并能对后期的项目起到指导和标杆作业。同时，对在样板制作和施工过程中积累的好经验、好做法进行总结，安排其他项目人员通过现场会、观摩会等形式进行观摩学习，将样板经验传授给更多的施工人员和管理人员，提高整个公司的施工水平和质量管理能力。

4. 施工过程质量检查

集团公司对分子公司实行分级管理，根据《集团公司月度管理办法和季度考评办法》对各公司在建项目进行公司月度排名和季度排名，在季度排名的基础上进行季度考核，从创优管理、战略支撑、培训管理、项目总结、供应商管理、协调工作、项目体系管理、信息化建设、项目实体质量等方面进行考核打分，考核得分和排名结果每个季度在全公司范围内进行通报并与年底绩效挂钩。

集团公司依据项目定位、风险性等对项目进行三级管控划分，设置项目积分进行实时动态管控，积分一旦达到相应处理积分区域，立即按照相应"实时管控措施"进行处理。根据《集团公司项目月度排名和季度排名办法》每月开展对项目的抽检工作，每月抽检项目暂定20个，集团重点管控项目16个，其他项目4个，项目的选取根据项目定位和风险性进行抽取。

5. 重要工序验收

集团公司制定《重要工序验收管理办法》，结合公司常见业务版块，阶段性验收工作分道路排水工程、房建工程、轨道交通工程、桥梁工程4大类专业工程，根据工序重要性、施工环境变化大、安全管理难度大等方面特征，综合划分30个阶段性节点，充分识别重要工序、安全风险点、质量管理薄弱点，有针对性地制定检查内容，有效引导现场过程管控，规避质量安全风险。验收内容分为：常规验收，4大类30个阶段性验收节点；指定验收，除30个验收节点外，对初次涉及、新工艺、技术难度高、工序施工经验欠缺的，可由集团或分公司现场指定工序；组织验收，对于分部分项工程较多的项目，可参照相应阶段性验收节点进行组合，例如某市政项目若涉及道排、桥梁，需按照道排工程、桥梁工程相应验收节点组织验收。

6. 质量后评价

为落实项目后期评价，不断促进项目质量管理水平提升，制定《质量管理总结后评价办法》，对项目完工后施工过程中存在的共性、突出质量问题，深入分析原因，有效总结，以问题为导向优化流程、改进工艺、优选材料、固化标准、创新设备，从根本上解决问题、提升管理。一是全面梳理施工、创优过程中的共性、突出、涉及较大隐患整改的质量问题，逐一深入分析根本原因、提出改进措施；二是有效提炼施工过程中助力提升管理成效的亮点措施、新工艺做法、管理办法等创新举措；三是针对同类问题，积极从制度、流程、标准、选材、工艺等方面提出公司级管理改进建议，切实促进后期同类施工管理整体提升。

深化标准建设，助力质量提升

一、标准化体系搭建

首先，公司将标准化贯穿项目发展的全生命周期，策划超前、智慧建造、标准施工、成品保护，每个环节标准化管理。其次，公司分级管控，项目自控，分公司与集团全程监管，对每个首节段进行验收，对质量标准规范管理；并积极加大创新技术应用，拓展思维，进行工艺创新、技术创新、管理创新。

二、标准化发展历程

2013年，提出标准化实施理念，成立标准化考察领导小组学习总结行业内质量标准化体系；2015年，大力推行标准化建设，制定《汉阳市政工程质量标准化手册》（1.0版）；2018年，以加速军运会基础建设，打造靓丽整洁城市为目标，施工质量精细化建设再出发，制定《汉阳市政军运会精细化施工指导手册》；2019年，参加湖北省《工程质量标准化》手册编制，修订《汉阳市政工程质量标准化手册》（2.0版）；2020—2021年，完善企业内部标准管理体系，引领项目标准化管理大提升，打造试点项目，修订《汉阳市政工程质量标准化手册》（3.0版）；2022年，制定具有可操作性的《汉阳市政工程质量标准化手册》（4.0版），共5个版块内容；2023年，制定《工程创优标准化指导手册》，在全公司推行实施，完善企业内部管理体系，提高工程整体质量。

三、标准化建设

1. 公司管理标准化

公司秉持"以诚实信誉为本，以优异质量取胜"的理念，始终坚持走创新驱动、精益管理、铸造精品的质量效益型发展道路。从"工程质量管理"到"质量体系管理"再到"质量创优体系管理",一手抓质量问题治理,一手抓施工质量标准化建立,总结精品工程创建经验,打造精细化施工管理体系,强化质量工作、创优工作的前期策划、过程管控和结果考评,工程质量不断提升,为企业健康发展奠定了坚实的基础。

为加强对住建部《工程质量安全手册》的理解和执行,积极参与编制《湖北省工程质量安全手册应用与实践》,并严格在全公司范围内的项目进行落实。

为更规范标准地指导公司质量管理工作编辑形成了《质量安全管理标准化手册》《原材料送检手册》《质量标准化手册》(道路排水工程、城市桥梁工程、房屋建筑工程、城市轨道交通工程、园林绿化工程等)《创新亮点手册》《精细化施工手册》《创优指导手册》。

公司积极参与标准编制,通过标准编制,对内加强企业标准化建设与管理,推动创新成果推广应用工作;对外提升企业影响力,提高企业核心竞争力。

2. 项目质量管理标准化

为进一步落实和推广《湖北省工程质量安全手册》《工程质量标准化施工指导手册》和《质量安全管理标准化手册》,重点项目要根据项目特点编制《项目质量指导手册》,项目通过首开段明确施工工艺和组织措施,对本工程施工过程中的重难点工序进行总结,聘请专家咨询,形成指导性手册,主要分为绿化、园建、桥梁、房建等10个章节,并在建设过程中保持动态更新,指导一线作业人员施工。

项目前期通过合理设计,优化施工顺序,将工程永久设施和临时设施相结合,兼顾施工和建成使用需求,超前项目策划。以信息化为提升手段,工序实施前通过BIM信息技术进行模拟,不断优化。将公司成熟工艺工法通过不断优化,将每一道工序形成标准化操作流程,减少对人的依赖,保证工程品质。通过一系列简单有效的防护措施,例如对混凝土阴阳角进行黑黄橡胶条防护、钢筋丝口设置保护套等,保护成品不被破坏。将成熟工艺工法通过不断优化形成标准化操作流程,打造样板,减少资源浪费,统一标准。

3. 标准化监管

首先,以"样板引路",打造首段施工标准,发起首段验收流程,建立标准,推行标准化指导施工。

其次,强化过程检查,管控时刻在线,针对钢筋工程、道排工程、园林工程、钢结构工程等,强化过程管控,发现问题,及时纠正,做到标准在心中,管控整改在线，质量把控在行动中。严格依照工序三检验收制度，上一工序验收通过后，方可进入下一道工序施工；层层验收、筑精品。

最后，源头严控，保证材料品质，商混开盘前，项目部质检人员与监理人员对商混站原材及配合比设计进行专项检查，钢筋、模板、砌块、卷材等进场前，项目部质检人员同监理验收模板规格、材质质量及质量证明文件；强化过程检查，严格依照成品验收标准，对成型结构进行钢筋保护层、钢筋间距、结构尺寸、强度、垂直度、平整度等实体检验，落实工完即优秀的标准，加强项目管理自控力。强化质量底线控制，使用先进的检测设备或工艺，消除传统检测工艺的不定性因素。质量常规检测与针对主控项目、结构主体的抽检，为实体质量一次成优提供保障。

创新技术手段，赋能提质增效

一、创新管理推动质量提升

为适应创新发展形势和需要，汉阳市政成立了企业技术中心、多个创新工作室等技术创新机构，汇集了大量建筑材料、环境工程、土木工程等专业领域的科技人才，形成了企业科技创新的"孵化地"。为鼓励、引导员工大胆创新，公司定期组织月度分享会，各项目分享自己的小发明、小创造，优秀的发明创造将会被采纳并在集团项目上推广。近三年，通过技术创新，探求更多有效提升质量的途径和方法，收集新技术、新工艺、新材料、创新亮点措施共计 200 余条指导现场施工，应用与转化率达 98%，有效解决道路市政质量问题 46 项、桥梁质量问题 23 项、房建质量通病问题 68 项、园林问题 3 项及其他机械连接质量缺陷问题 6 项，推进质量精益求精。

针对异形、高精度要求部位施工质量管控，提前 BIM 建模确定各项管控参数、最优施工方案，实现复杂性工艺质量管控迎刃而解。

二、搭建技术平台促进质量提升

为了配合创新战略和创新方法的落实，发挥创新驱动作用，公司先后与高校合作，搭建"产学研"合作平台，共同开展课题研发，成立技术中心，建立了"劳模创新工作室"和"绿色建造创新工作室"等 5 个创新工作室，发挥劳模先进示范作用，带动公司技术科研骨干围绕公司业务发展，组织开展技术攻关、技能比赛、经验交流和管理创新活动，为体量提升赋能。

研究形成装配式检查井快修技术、沉水植物恢复生态修复技术等多项可推广可复制的特色技术。在为集团内部项目解决实际问题的同时，也提升了市场竞争力，技术引领效果显著。另外，定期对形成成果在项目上推广的执行、效益、影响进行系统客观的分析总结。严控质量，推广项目由第三方检测单位进行专业检测，出具质量检测报告，确保应用工程质量，建立成果应用后长期效果评价机制，注重成果推广综合价值评估。

三、科技赋能促进质量提升

通过采取设计优化和关键部位施工优化打造项目亮点，提高精细化施工质量。对桥梁工程、地铁工程、道路工程等专业进行工序优化，建立标准化工艺流程，减少工人技术手艺差别。深化装配式思想，对现场结构进行装配式制造，减少质量通病，保护环境，节约资源，促进现场施工高效。充分利用现代高新科学技术，实施工厂化工艺，提高产品精细程度，机器取代手工操作。

持续关注行业最新发展动态，采用新工艺、新技术、新材料有效解决质量通病问题，提高质量稳定性，促进施工高效高质，有效提升工程品质。推广使用新工具，降低工人手艺因素影响，携带方便，统一标准，降低质量缺陷率。投入使用自动化机械，为工程提质增效，促进实体质量一次合格、一次成优。

推行数智建造，创建品牌工程

一、运用数智工地，实时监控施工过程质量

2020年8月份建成汉阳市政智慧工地平台，汇集多条、多层次业务数据，线上开展质量隐患实时排查，动态监测项目运行情况，调动企业管理人员参与一线质量管理的积极性。如积极运用信息平台"易享云""筑建通""视频监控""数智工地""质量安全培训系统"，实现项目远程高效管控。积极参与原材实体质量抽检、标准化评估、特种设备监测等第三方质量咨询服务，提升检查专业性和深入度。对外地项目进行质安管理，试点28个外地项目系统排查，摸底各地区域管理现状，指导市外质安管控落地。

二、数智化实践促质量提升

施工建造阶段，推动施工图审查从二维向三维转变，过程变得自动化、精细化，减轻了图纸审查负担，保障了建筑设计的质量。应用 BIM 技术提前制作模型和视频，进行可视化交底，避免在工程实体建设时返工浪费；创建项目 BIM 模型，基于三维可视化手段分析道路交叉口视距、桥下净空等，分析桥梁上部结构界限及建筑性能，优化各项性能设计参数；运用远程监控，线上实时生成整改通知单，按既定时间和流程进行流转，实现问题线上签发、整改、闭合，大幅提升整改效率。同时，搭建绿色建造平台，推广盾构渣土、再生沥青等绿色技术创新应用，环保节约，降本增效，为质量提升提供保障。

深入应用 BIM 技术，对基础钢筋进行排版优化，指导机房及复杂区域的管线综合排布。通过 BIM 设计"一模到底"实现设计施工一体化，助力项目一次成优。公司是拥有湖北省唯一大直径隧道管片独立式蒸养窑流水线，智能焊接、清模、喷涂机器人，环保型筒仓式砂石原材存储的预制构件企业。高新三路桥梁项目 80% 以上的上部结构采用装配式预制小箱梁，共涉及 1586 片预制梁体的生产和安装，对每一片梁的生产计划到储存运输进行管理，"量身定做"了 13 种传感器、833 个测点，其中动态称重传感器 37 个，全方位保障桥梁生产安全。

重视品牌建设，促进企业发展

一、重视品牌建设，打造一牌多品

公司高度重视品牌工作，以"百年市政，向光而行"为品牌定位，对标行业先进企业，不断完善品牌组织管理、搭建完善的品牌体系，做好品别识别、品牌文化、品牌架构、品牌整合传播和品牌危机管理，不断提升公司品牌内涵，提升品牌知名度、美誉度和影响力。

公司业务多元发展，其品牌内涵和外延不断丰富。公司拥有工程建设、房地产开发、城市综合服务、信息化公司、文化公司、物业公司等多元业态和 40 余家分子公司。公司母品牌之下，形成了多层级、多种项目品牌，如子公司品牌、建设项目的品牌（月亮湾城市阳台、武昌生态文化长廊）、房地产的产品品牌（天创产投·芳草雅境等）、运营类产品品牌（张之洞体育公园、鹦鹉巷子等）等。近三年，打造了仙女山路、江汉七桥、汉阳市政建设大厦、中南科研中心等多个标杆精品项目，多次承办省市区级观摩会，品牌质量影响力大幅提升。另外，坚持"全过程创优"理念，前期充分策划，明确创优目标，严格标准执行，强化细节管控，质量合格、按期交付，满足顾客需求。这些子公司品牌、业务品牌和产品品牌丰富了企业的品牌内涵，构成了公司三级品牌体系，增强了企业社会地位和行业内的影响力，助力企业发展。

汉阳市政始终以"厚德善建，实干兴邦"为使命，坚持做一项工程、树一个丰碑、造福一方百姓的理念，10年来，承接各类项目2000余项。如世界首座主缆连续的三塔四跨悬索桥鹦鹉洲长江大桥、中国首条穿越长江的地下轨道交通线路武汉轨道交通2号线、获得国家优质工程金奖的武汉轨道交通6号线、武昌生态文化长廊等，都为汉阳市政注入了生机和活力。公司以"匠心"践"初心"，文化和品牌建设融入爱心工程，树立良好的品牌形象。

二、企业发展业绩

成立70年来，汉阳市政始终践行工匠精神，参建诸多重点工程，造就百年一流精品，每一个项目，都凝聚着汉阳市政专注执着的敬业与超越进取的担当。一是树标杆，打造月亮湾国家级标杆，作为唯一一个试点推行《工程质量安全手册》的市政项目；承办住建部组织的全国近20年最高级别规模的观摩会，在全国范围内打响汉阳市政企业品牌质量知名度；除此，近三年，公司还抓住城市建设发展的每一个契机，打造了仙女山路、江汉七桥、汉阳市政建设大厦、中南科研中心等46个标杆精品项目，承办省、市、区级观摩会76个，品牌质量影响力大幅提升。二是造精品，坚持"全过程创优"理念，前期充分策划，明确创优目标，严格标准执行，强化细节管控，确保成本可靠、质量合格、按期交付，满足顾客需求。公司项目荣获"国家优质工程金奖""中国建设工程鲁班奖""全国市政金杯示范工程""湖北省市政示范工程""楚天杯""黄鹤杯"等。国家级奖项达60余项，省级质量奖项200余项，各类质量奖项约500余项。

获得省级工法57项，发明专利34项，实用新型专利377项。取得国家级QC奖项186项、省级QC奖项405项。获得国家级科技进步二等奖1项，华夏奖1项，詹天佑奖1项，省级科技进步奖2项，市科技进步奖二等奖1项、三等奖1项，中国施工企业管理协会科学技术二等奖5项。参与主编国家标准1项，省、地市各种标准30余项。下属9家子公司获评"国家高新技术企业"，这些丰硕的科技研发成果为企业引领行业持续发展奠定了雄厚的基础，成果的获得使公司质量发展迈上新的台阶。

创新引领　匠心建造
高质量建设中国北方首条跨海沉管隧道

——中交第一航务工程局有限公司大连湾海底隧道建设工程

一、工程概况

大连湾海底隧道建设工程，不仅是我国北方首条大型跨海沉管隧道工程，也是贯彻落实"全面振兴东北老工业基地""交通强国"国家战略，继港珠澳大桥后又一项技术难度大、施工工况复杂、环保要求高的跨海交通工程。作为连接大连市南北两岸的重要交通枢纽，工程起始于大连湾北岸梭鱼湾规划20号路，向南下穿大连湾海域、甘井子西航道、大连港北防波堤，在南岸大连港3、4号码头之间港池登陆，再向东沿港隆西路至人民路（图1）。

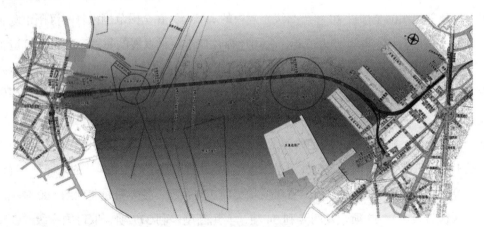

图1　海底隧道平面位置图

工程道路等级为城市快速路，全线设计标准采用双向六车道，设计时速60km/h，主体结构设计使用年限100年。海底隧道全长5.1km，其中沉管隧道长3035m、接线道路长341m、明挖暗埋隧道长1472m、敞开段长250m。共需安装大型沉管18节，标准管节长180m，单节沉管质量约6万t。工程建设内容包括道路、海底隧道、陆地隧道主体工程，同时新建排水、照明、通风、消防、绿化、交通工程等配套设施。

项目的施工总承包单位是中交第一航务工程局有限公司和中交第四航务工程局有限公司，四航局负责沉管预制施工，一航局负责其他全部工程的施工建设。自2019年5月1日开工以来，历经数年艰苦努力，于2023年5月正式通车，成为大连市一条纵贯南北、连接东部核心区和金普新区的快速通道，对缓解交通拥堵、推动钻石港湾两岸一体化、打造大连沿海经济圈具有重要意义（图2）。

图2　海底隧道北岸实景图

二、工程设计特点

本工程地质条件复杂，沉管基础软硬不均，溶洞发育，13节沉管坐落在岩基上，5节沉管坐落在黏土层中，需实现海底硬岩与局部软土地基刚度平缓过渡，且沉管需下穿防波堤，对沉管纵向沉降和地基刚度控制要求高；作为城市交通隧道，需顺接大连湾两岸的交通组织，为减少占用城市建设用地，避免大规模的建筑物拆迁，降低对城市及海洋环境的影响，海中段采用沉管法工艺，并对隧道的曲率、线形及防护结构作特殊设计；大连地区冬季最低气温可达到-21℃，寒冷海洋环境下的结构耐久性也面临新的挑战；同时，结合投资、工期、环保等限制条件，有一系列技术难题需要破解。

（一）需解决的技术难题

（1）为减少管节沉放次数和适应沉管段地基软硬不均的情况，本项目如何设计沉管结构方案？

（2）受两岸接线条件约束，海中沉管段平曲线半径取1050m，为国内沉管最小半径，如何完成曲线管节的预制和安装？

（3）沉管施工中最终选择哪种经济合理的接头方案？

（4）在寒冷地区的海洋环境中建设使用年限100年的沉管隧道的耐久性问题。

（5）针对国家用海政策的要求，北岸可否建设透水构筑物隧道结构？

（6）海中沉管需下穿已有的大连港北防波堤，沉管安装就位后如何在沉管上恢复该防波堤？

（7）如何因地制宜地设计满足工期、降低投资、节能环保的干坞方案？

（二）设计特点

本项目开展了多项专题研究，为设计输入和设计方案论证提供依据，形成了多方面的设计创新成果与关键技术。

1. 首次在传统干坞中预制长180m节段式管节，待管节沉放到位后剪断临时预应力索，实现全柔性沉管结构方案

本项目采用的全柔性节段式管节方案（图3），在国内尚属首次应用。其全柔性的特点主要体现在管节接头（管节与管节之间）与节段接头（单个管节内的节段与节段之间）的构造上，它能有效减小管节结构的纵向受力，更好地适应地基的不均匀沉降。同时，节段式管节的最大长度可做到180m，相对于较短的整体式管节，不仅减少了管节数量和沉放次数，也相应地减小了施工风险。

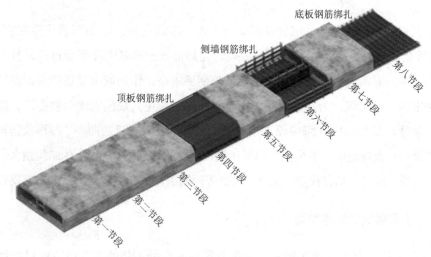

图3　全柔性节段式管节预制示意图

2. 针对我国最小平面曲线半径（1050m）沉管管节预制提出设计方案

受两岸接线条件约束，海中沉管段设平曲线，由5节148m曲线管节组成，平曲线半径达1050m，为国内曲率最大、半径最小沉管管节。本次结合节段式管节方案和干坞规模，确定单个曲线管节长度为148m，分为7个梯形节段，采用以折代曲方式拟合，同时适当增加结构净宽来保证建筑限界和施工误差要求。曲线管节的端面尺寸与节段接头的横断面尺寸同标准直线管节。

3. 创新设计顶进节段法最终接头方案

根据工期安排，本次沉管需从北往南依次沉放，最终接头需布置在南岸附近。通过比选常用的最终接头形式和缩尺模型试验，创新设计了原位预制顶进节段法最终接头（图4），包括外部套筒、顶进节段、止水构造、顶推装置及锁定构造、后浇带等结构，具有可顶出、可回拉顶进节段而不漏水的特点。顶进节段法最终接头位置设在沉管段与暗埋段相接处，制作较简单，主要工作在干作业环境下完成，水下工作少，施工质量有保证，施工周期较短，受水深影响小，建设成本较低。

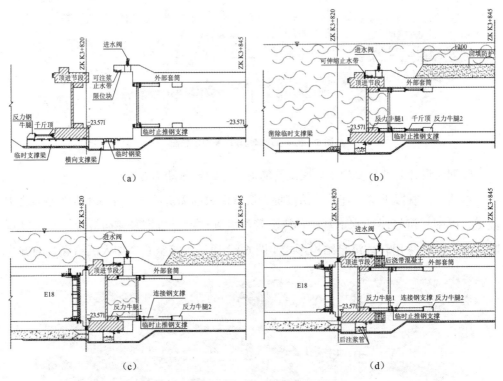

图4 顶进节段法最终接头施工步序图

（a）顶进节段浇筑；（b）顶进节段就位；（c）最终接头水力压接；（d）排水及后浇筑混凝土

4. 首次提出北方寒冷海洋环境建设沉管隧道的耐久性技术

本项目所处的环境类别既属于海洋氯化物环境，又属于冻融环境。为满足100年的使用要求，首次提出了该环境作用下沉管隧道混凝土与钢结构的对应耐久性措施。

隧道主体结构采用抗渗防水、高性能混凝土，优化混凝土配合比，并制定相应的温控技术措施和冬期施工标准。根据《混凝土结构耐久性设计标准》GB/T 50476—2019，本工程环境类别与作用等级确认为Ⅰ-B、Ⅲ-C、Ⅲ-E、Ⅱ-E、Ⅴ-D。

5. 首次提出新型透水构筑物隧道结构技术

本项目为国内首次提出海底隧道梳式透水接岸结构，海底隧道透水结构包括隧道主体结构和连接在其两侧的防护沉箱，为满足主体结构基础透水要求，在隧道基础设置桩基＋透水片墙组合透水式结构。防护沉箱由临时防护沉箱和永久防护沉箱组成，防护沉箱及胸墙在施工期形成止水闭合体系，施工期结束拆除临时防护沉箱，形成高度不小于2.5m的透流通道，沉管隧道及防护结构整体构成透水式接岸结构，如图5所示。经海工模型试验验证，该结构形式安全可靠。

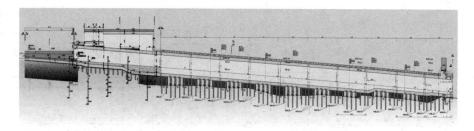

图 5　北岸接岸暗埋段纵断面示意图

6. 创新设计防波堤复建于海底沉管隧道上方的轻体结构方案

本项目沉管段下穿大连港北防波堤，沉管沉放前需拆除长约420m的大连港北防波堤，以施工沉管段的水下基槽。待沉管沉放到位后，再恢复该防波堤。本次复建防波堤创新地采用轻体沉箱结构形式（图6），通过沉箱空仓、加大沉箱底宽的方式

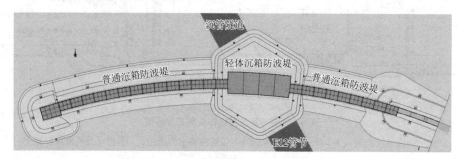

图 6　大连港北防波堤恢复平面示意图

实现降低结构重量,以及两侧堆载,减小结构在波浪作用下的偏载,减小防波堤基底应力,解决沉管局部受力过大和不均匀沉降的问题。该方案经过海工物理模型试验验证,结构受力满足使用要求。

7. 首次提出基于整体水文地质环境、工期与主体工程相适应、经济性良好的可循环使用的"3+3"干坞法沉管预制场总体工艺流程和总体布局方案

干坞采用东、西两个坞室,每坞预制3个管节的"3+3"分批预制方案(图7)。干坞坞口采用重力式、大沉箱浮坞门方案,设有消能式自流灌水坞门墩结构;坞口止水体系采用帷幕灌浆+止水带+钢闸门+混凝土结构;浮坞门沉箱为原位现浇设计方案,解决了超大沉箱缺乏预制场地的问题,节约了工期,并对坞门止水体系进行了有效的检验。

图7 "3+3"干坞效果图

三、工程建设难点和技术创新、质量管理创新

(一)工程建设特点、难点

1. 社会影响力和关注度高

该工程是我国北方海域第一条大型沉管隧道,因其固有的民生类重大公益性基础设施属性,受到了行业内、辽宁省、大连市社会各界的关注,是辽宁省委书记的定点联系项目,列入大连市五年发展计划纲要的重大民生工程项目。

自项目建设以来,辽宁省和大连市的主要领导多次到工程现场调研指导工作,先后接待辽宁省政府、人大等各类政、企、科研院校和社会团体交流访问四百余次;包

括中央电视台《新闻联播》等中央和各地方主流媒体对工程进行报道万余条,大连湾海底隧道首节沉管安装和竣工通车等工程关键节点,中央电视台均采用直播形式报道工程进展(图8)。

图8 主流媒体宣传报道海底隧道

2.工程建设规模大、结构形式多

大连湾海底隧道工程主线长5.1km,主要工程量挖泥、炸礁总量约935万m^3,混凝土浇筑总量约76万m^3,钢筋总量约15万t。工程包括预制沉管结构、现浇暗埋段隧道结构、止水围堰、市政道路、地上地下立交等多种结构形式,是涉及水运、市政、建筑、公路、机电等多专业的集群工程。其中,沉管预制需在干坞中进行,每节沉管重达6万t,相当于一艘航空母舰的排水量。预制过程中需严格控制混凝土质量、钢筋绑扎精度等,确保沉管结构安全稳定。

3.施工环境复杂,施工难度大

(1)大连湾海域地质条件极为复杂,海底地形起伏大,岩基裂隙发育,溶洞溶沟众多,且夹杂着丰富的红黏土。这种复杂的地质条件给沉管预制、安装及基础处理带来了极大的挑战;沉管需下穿防波堤,对沉管纵向沉降和地基刚度控制提出了更高要求。

(2)水上通航条件复杂。海底隧道施工水域通航条件复杂,军用、货运、客运船舶进出频繁,需进行多次航道转换。沉管在运输过程中则需克服海上风浪等不利条件,确保沉管安全抵达安装现场(图9)。

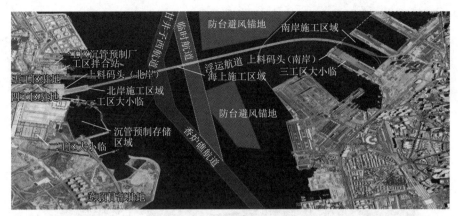

图9　水上施工航道转换图

4.沉管对接精度要求高

沉管对接是海底隧道施工中的关键环节，对接精度需达到毫米级。在海底复杂环境下，受波浪、盐度、海流、温度等多种因素影响，沉管对接难度极大，需精确控制沉管的下沉速度、姿态及对接精度；且大连湾海底隧道存在多个曲线段，曲线半径仅为1050m，为国内沉管隧道中最小，这对沉管的预制精度、安装对接精度以及隧道结构的稳定性提出了更高的要求（图10）。

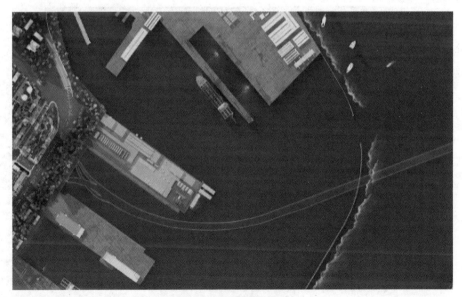

图10　海底隧道曲线段线型

5.多项创新技术属国内首次应用，技术难度高

（1）国内首个北方寒冷地区应用机制砂配置百年海工混凝土工程，寒冷海域对

机制砂配置的高性能混凝土耐久性提出了重大考验（图11）。

图11 北方寒冷地区混凝土耐久性专家评审会

（2）首次创新采用"顶进节段法"最终接头。该工艺全部工作均在干地作业环境下完成，具有结构制作优良、施工质量有保证、周期短、建设成本低和安全性强等优点（图12）。

图12 最终接头足尺模型顶推试验

（3）国内首例"实体工程"+"数字化工程"双产品移交项目。工程同步开展数字化工程建设，将BIM技术等深度应用于工程设计、建造施工、运营维护全生命周期，最终实现"实体工程+数字化工程"双产品移交（图13）。

图 13 BIM 模型搭建整合

6. 文保、环保要求高

（1）海底隧道南部陆域选址无法避让大连港丙码头和北防波堤等不可移动文物，根据目前国家文物保护要求，工程建设必须保证文物安全，需实施原址保护（图14）。

图 14 海底隧道效果图

（2）项目地处大连市中心城区，区域内涉及海洋、居住聚集区等多种环境，加之大连市是全国著名的旅游城市，优美的环境是大连市重要的名片，对工程建设过程的环保和文明施工要求高。

（二）技术创新

项目前期，进行了整体的科技创新规划。从科研立项、报奖项目、标准编制、专著、论文、专利及工法7个方面进行了详细规划，形成了《大连湾海底隧道建设工程科技创新规划》；开展了20余项数模、物模、通风、抗震等方面的专题研究，以及3项交通运输部清单项目和24项中交集团和一航局科技研发项目；为确保项目顺利实施，中交一航局在施工现场建立了"水下隧道建设与运维技术企业重点实验室"试验与应用基地，投入了大量技术骨干和科研经费，22项"四新"技术在工程中得到成功应用；在融合传统优势技术的基础上，在水上施工方面研发应用了全漂浮碎石基床整平技术、水下高精度爆破施工技术等10项北方岩基海底大型沉管隧道施工关键技术，为项目顺利实施提供了有力支撑。

1.沉管隧道原位预制顶进节段法最终接头关键技术研究

作为海底沉管隧道工程贯通管节，最终接头的质量直接决定整个工程的成功与否。大连湾海底隧道施工区域狭窄，施工干扰大，结构断面大，曲线半径小，传统的止水板法和V形块体法均有其不适用性。基于上述原因，结合实际工程特点首次提出"顶进节段法"最终接头方案，该结构由外部套筒、顶进节段、止水构造、顶推装置及锁定构造、后浇带等组成，具有干法施工、快速对接、过程可逆、控制精度高、建设成本低等显著优势。

2022年9月9日，世界首例"顶进节段法"最终接头在大连湾海底隧道顺利安装，达到了毫米级的对接精度，实现了海底隧道全线贯通。该成果达到了国际领先水平，获评中施企协2023年工程建设十大新技术，林鸣院士指出"顶进节段法"最终接头是沉管隧道施工技术领域的重大创新成果，极具推广应用价值（图15）。

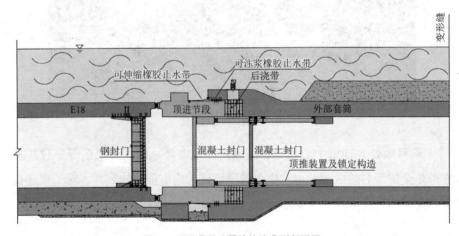

图15 顶进节段法最终接头典型断面图

2.海底隧道透水式接岸新结构关键技术研究

由于国家用海政策调整，除国家重大战略项目外，全面停止新增围填海项目审批，因此接岸段结构调整为透水式，与传统方案相比可最大程度保障生态系统服务功能，更加环保，符合环境可持续发展的要求。

新研发的透水接岸结构由接岸段隧道主体、防护结构两部分组成。防护结构由临时防护沉箱和永久防护沉箱组成，施工期形成止水闭合体系，施工期结束拆除临时防护沉箱，在防护沉箱之间的隧道主体结构底部设置桩基+透水片墙组合的透水通道，实现结构透水。为验证透水构筑物安全稳定性，进行了整体和断面的物模试验。透水构筑物结构形式安全可靠，成果达到国际领先水平，符合国家海洋环境保护有关法律法规的要求，具有推广价值（图16）。

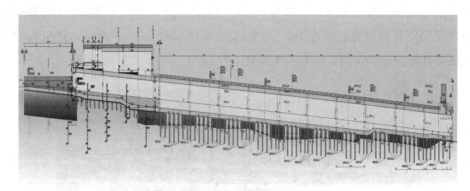

图16 透水式接岸结构典型断面图

3. 复杂条件下曲线柔性管节海底隧道关键技术研究

针对大连湾海域软硬不均、溶洞发育的地质条件，隧道下穿既有防波堤，对沉管纵向沉降和地基刚度控制要求高，以及大曲率沉管高精度对接等一系列难题，创新提出节段接头剪力杆抗剪结构，优化了柔性管节结构设计，提高了沉管隧道适应软硬不均地基的能力；研究了软硬不均地质条件对结构受力和节段接头承载力的影响，为沉管隧道基础设计提供理论依据；提出了小曲率半径沉管隧道碎石基床布设方法，揭示了曲线沉管拉合过程中的运动规律，提出了适用于先铺基床上小曲率半径沉管安装线形预控工艺及方法。该成果达到了国际领先水平，保障了国内最小曲线半径海底沉管隧道的高质量安装（图17）。

图17 大连湾海底隧道纵断面图

4.全漂浮碎石基床整平技术

大连湾海底隧道地质条件特殊，炸礁后岩石会存在大量裂隙且分布复杂，整平船插桩驻位，边坡存在失稳的风险。经研究与试验，研发了国内首创的全漂浮碎石基床整平施工技术，通过整平船漂浮自动定位与调平系统，实现了整平船的"一键"定位和调平，可控制船位精度在5cm以内、船体纵横倾斜值在±0.08°以内，解决了复杂地质条件下整平船插桩失稳的技术难题，有效扩大了先铺法沉管隧道的适用范围，提升了跨海沉管隧道智能化水平，一次验收合格率100%，整平精度达到96%以上，应用效果良好，成果达到了国际领先水平（图18）。

图18 碎石基床漂浮整平施工现场

（三）质量管理创新

1.开展全过程质量控制管理现场咨询

项目建设伊始便向中国施工企业管理协会申请开展了全过程质量控制管理现场咨询活动，协会邀请行业权威专家在建设期多次莅临工程现场对工程质量管控给予指导和接受咨询，从设计、施工、运维项目全寿命周期的角度对项目的全过程质量管理给出了具有建设性和指导性的管理措施和建议，对工程质量管理的提升起到了重要作用（图19）。

2.高目标导向策划工程创优

在项目策划阶段即确定了"争创国优金奖、鲁班奖、詹天佑奖"的创优目标，结合项目特点编制了创优策划，列明了详细的创优工作计划，分解落实到参建各单位。中交集团2020年4月份专门组织了对该工程创优策划的评审会，对工程的整体创优工作作了进一步的指导和明确，并在后续工程建设过程中不断优化调整策划内容，真正发挥了指导工程建设和质量创优的作用（图20）。

图 19　中施企协全过程质量控制管理现场咨询

图 20　中交集团质量创优策划评审视频会

3. 搭建权威平台，优化协调决策机制

项目成立了以时任交通运输部总工程师姜明宝为组长的专家委员会，成员包含技术、经济、法律等专业领域的院士和专家共计39人，解决本项目设计、施工中存在的技术难点、疑点，对双方在合作期内的有关事项进行指导、协调和论证，为政府方决策提供权威依据。

通过召开专项会议，具体针对特许经营合同修订，沉管基床整平、浮运安装方案及风险评估，重大设计变更，全过程咨询服务实施方案等进行了40余次专项评审，为项目顺利实施提供支撑（图21）。

图21 专家委员会首次会议

4.强化过程管控，优化验收程序

为强化工程实体和表观质量，成立了主体钢筋、模板、防水、沉管浮运安装等关键工序的攻关小组，加强技术质量攻关，优化施工工艺，保证实体及表观质量；现场通过日常检查、专项检查、综合检查等方式，对关键工序进行质量监督并严格落实整改措施；对关键工序和工区间交叉作业执行《联合验收和工序交接管理办法》，对沉管出坞、南北岸暗埋段预留预埋等共组织了近400次多方工序联合验收及交接，保证每道工序的顺利衔接和施工质量。

5.超前谋划，完工即竣工

项目团队超前谋划，紧紧围绕"通车前完成竣工验收"的目标，实行进度计划动态管理，严格落实保障措施；现场施工与竣工预验收、消缺整改同步完成，并积极有效沟通主管部门优化和简化验收程序，单位工程验收、规划和消防等专项验收同步推进，创造了"完工即竣工、验收同步完成、档案同步具备移交条件"的大连湾速度（图22）。

图22 海底隧道全线鸟瞰图

四、工程质量管理制度、质量管理流程、质量管控措施

(一)工程质量管理制度和流程

为简化质量管理界面,提高管理效率,根据本项目特点,设立高效的质量管理组织机构,实行设计施工一体化、集约化、扁平化的两级管理模式,根据项目划分和施工内容分为6个工区,总经理部对各工区进行统筹、动态管理,设计与施工互动,总部与工区密切配合,协同推进。各工区在总经理部质量管理体系架构下,设置本工区的质量管理机构,对所承担施工项目的质量负责。通过引入三家专业技术团队,对本项目内部测量、监测、试验管理进行技术支持与服务,共同搭建既分工协作又专业高效的质量管理体系(图23)。

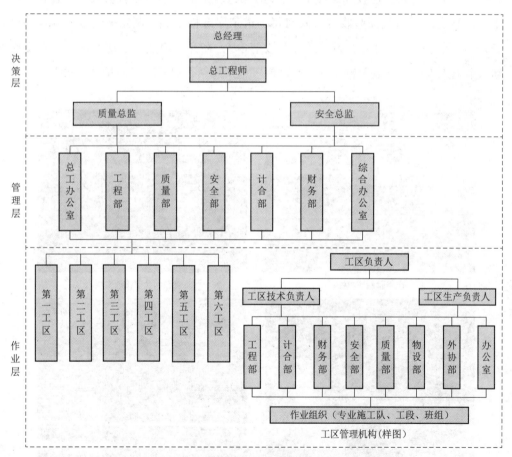

图23 项目组织机构图

为保证项目整体质量受控，建设程序合法依规，根据项目特点，组织制定并下发实施《大连湾海底隧道建设工程质量监督检查管理办法（试行）》等23项技术质量管理制度和办法；配合项目公司编制了《大连湾海底隧道建设工程施工及质量验收标准（V1.0）》《大连湾海底隧道和光明路延伸工程政府和社会资本合作（PPP）项目档案管理办法（V1.0）》等纲领性文件，均通过专家评审并下发实施；从制度、标准建设方面全方位保证了项目技术质量管理的标准化实施，做到"凡事有章可循，凡事有规可守"。

（二）质量管控措施

（1）严格执行"三检制"，对主体结构地基基础、灌注桩、主体混凝土强度、保护层，沉管基槽开挖、基础换填及振密、基床整平、沉管预制（图24）、安装等关键工序严格执行《联合验收和工序交接管理办法》，组织了多方联合验收；沉管预制细化三检制度，采用驻停验收的方式对每一道工序严格把关。制定《质量控制点一览表》《质量通病治理计划》及《质量验收清单》，在开工前实行三级交底，确保交底到每个施工人员，开展关键工序"首件制"施工总结，提升项目质量管理水平。

沉管预制底模铺设

沉管预制预留预埋安装

剪力杆安装，国内首次采用

沉管预制电连续性检测

图24　沉管预制精细化质量管理图集

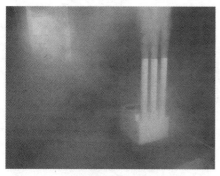

沉管预制蒸汽养护　　　　　　　　沉管预制拉杆孔处理

图24　沉管预制精细化质量管理图集（续）

（2）按照"分级布网，逐级控制"原则，测控中心负责首级控制网复测，各工区负责加密控制网复测，测控中心进行背靠背检核。分别委托两家试验检测单位作为内外控试验检测单位，严格按照材料进场验收程序进行检验。

（3）为保证混凝土及原材料的质量问题，在工程现场建立了专用混凝土搅拌站和专用机制砂生产线，对沉管预制及南北岸主体结构混凝土浇筑的顺利起到了决定性作用，确保了项目整体质量受控。

（4）项目高度重视技术及质量管理队伍建设，积极推行质量总监制度，以追求极致和不留遗憾为最高目标，实施全过程、全方位、全员的技术质量综合管理，工程合格率100%。

（5）瞄准"世界一流"，强化精品意识，雕刻精细化细节施工，将"持续改进"作为管理工作的核心，扎实抓好基础管理；统筹兼顾，协同工作，全过程、全方位、全员实施质量综合管理，精益求精、精雕细琢地实现精品目标。

针对耐久性路面、装饰装修、机电设备安装、附属设施施工（图25）、管理中心

沉管隧道内附属设施安装　　　　　　　沉管隧道内行车道标识牌

图25　附属设施精细化质量管理图集

设备区配电柜安装

设备区轴流风机安装

中管廊电缆条架安装

设备区泵房设备安装

图 25　附属设施精细化质量管理图集（续）

和绿化工程等对使用功能和整体观感质量影响较大的重点部位施工，重点加强接缝处理、金属构件耐久性、线型控制、突变过渡、防腐涂装前缺陷评估及处理、成品保护等细节管控。

在保证耐久性的同时，增强美观度，确保收尾工程实体及表观质量提升，雕刻出"品质工程""精美工程"（图 26）。

暗埋段基槽开挖施工

暗埋段垫层混凝土施工

图 26　暗埋段施工精细化质量管理图集

暗埋段顶板钢筋绑扎

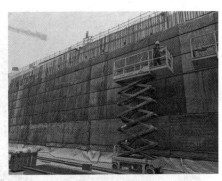
暗埋段侧墙混凝土养护

暗埋段外墙聚脲喷涂

暗埋段顶板聚脲防护层施工

图 26　暗埋段施工精细化质量管理图集（续）

五、工程绿色、节能、环保措施

（一）关注生态环境，保卫"一湾"碧海蓝天

项目严格落实生态环境保护要求，邀请国家海洋环境监测中心进行海洋环境监测，现场设置水质监测站 33 个，分别对海水水质、海洋生态等项目进行全过程跟踪监测；陆域设置扬尘监测仪对施工区域扬尘进行实时监控，南岸港池围堰从坡顶咬合桩至坡脚全断面铺设土工膜；干坞施工配套建设 5 块渣土堆存场并设置防尘网，减少了对周围环境的影响（图 27）；施工现场设置环境监测系统，实现对现场噪声及扬尘污染监控。本项目招标采购专业水土保持监测单位和环境监理单位进行日常巡查、监测，每月形成监理月报，并上报政府主管部门。

项目严格执行各项生态环境保护措施，最大程度降低工程建设对生态环境的影响，助力打赢蓝天保卫战。2021 年，中央环保督察组和国务院安委办先后对项目进行了安全、环保检查，项目管理得到检查组的认可（图 28）。

图 27　干坞渣场防风抑尘网

图 28　国务院安委办现场复查

（二）落实文保理念，守护大连城市历史

海底隧道南岸工程下穿历史文物"大连港丙码头和北防波堤"，专门邀请国家、省、市级文物专家进行论证，获得了文物主管部门的批复。工程遵循"拆卸归安，原址保护"原则，对历史文物恢复原状，做到"修旧如旧"，工程的建设在满足大连新时代发展需求的同时，有效保护了大连城市文脉，延续了大连港的历史社会价值（图 29）。

本项目作为一个建设兼顾绿色施工的成功案例，为该地区和其他工程项目的规划和建设实施提供了新的理念。项目获评中施企协工程建设项目绿色建造施工水平三星级评价和辽宁省建筑业绿色施工示范工程（图 30）。

图 29　南岸丙码头恢复

图 30　绿色施工荣誉证书

六、工程实体质量水平

项目建设期总体质量优良,在上级单位对本项目历次原材料及实体检测中,检测结果全部合格。

沉管基槽炸礁开挖、基础换填及振密、基床整平、沉管安装等各工序一次验收合格率100%;沉管安装轴线偏差最大为22mm,远小于"轴线绝对偏差不大于100mm"的设计标准要求;碎石基床整平施工平均合格率为97.9%(规范不低于85%);沉管隧道线形、里程控制精准,沉降均匀,各管节累计绝对沉降量最大为-53.9mm,满足设计要求,累计沉降量较小并基本稳定;沉管管节预应力筋切断后，变为柔性结构，主体混凝土结构及接头止水效果良好，沉管内各管节/节段间无渗漏水。

预制混凝土构件合格率100%，地基基础承载力合格率100%，灌注桩Ⅰ类桩比例100%，保护层厚度合格率95%以上，回弹强度合格率达100%，均方差在3.5MPa以内，抗压强度、抗冻融、抗氯离子渗透试验合格率100%。沥青路面压实度、平整度合格率、渗水系数、厚度等各项指标合格率均100%。

隧道内排烟通道、电缆通道、安全通道等功能区域划分明确且使用便捷；照明系统、通风系统、排水系统等配套设施齐全、运行正常。

七、工程社会经济等综合效益

得益于超前的技术储备、坚持自主研发和智能建造，自2020年12月大连湾海底隧道完成首节沉管安装，历时20个月，完成全部18节沉管毫米级高精度安装。其间，仅用12h完成全线最深的E5管节安装，刷新了国内单个沉管管节安装用时最短纪录；在2021年7月16日至8月25日，在40d内接连完成3节沉管安装，一次次刷新安装最快、用时最短纪录，跑出了国内沉管安装"新速度"（图31）。

图31　E18沉管管节浮运安装

项目开工以来，获评辽宁省绿色施工示范工程、新技术应用示范工程、安全生产标准化示范项目、省优质结构、中国交建质量奖、大连市星海杯优质工程；获省部级科技进步奖17项（一等奖5项），授权知识产权179项，其中发明专利43项，实用新型专利132项，软著4项；国家级、省部级QC成果20项；省部级工法15项；省部级BIM技术应用类奖项17项，获评工程行业信息化典型案例；论文集专刊发表百余篇，培育了大国工匠、全国劳模、全国工人先锋号、大连好人等一批典型先进人物和团队。

大连湾海底隧道工程的建成通车对大连市乃至整个东北地区的社会经济发展产生了深远的影响。极大地改善了大连市的交通状况，缓解了城市交通压力，提高了交通效率；促进了大连湾南北两岸的一体化发展，拓展了城市发展空间，推动了区域经济的协调发展；提升了大连市的城市形象和竞争力，为城市的可持续发展奠定了坚实的基础。目前，日均通行车辆6万余辆，实现安全平稳运维。

工程的顺利建设开我国北方寒冷地区跨海沉管隧道建设之先河，填补了诸多外海沉管隧道建设领域技术空白，为我国北方地区的跨海交通提供了全新方案，在工程设计、施工难度、新技术应用、工程质量管理以及绿色节能等方面都取得了显著成效。这些经验和做法对于未来我国环渤海、舟山群岛、琼州海峡、台湾海峡的跨海通道乃至世界跨海通道的建设具有重要的借鉴意义和参考价值。

以实体质量提升为核心　技术创新为引领　全面推进工程质量创优

——中交第二航务工程局有限公司新建连云港至镇江铁路五峰山长江特大桥

一、工程概况

1. 工程名称、地点、规模

工程名称：新建连云港至镇江铁路五峰山长江特大桥

地点：江苏省镇江市

规模：五峰山长江特大桥全长6408.909m，主桥为（84+84+1092+84+84）m双塔五跨钢桁梁悬索桥，是中国自主建造的世界首座高速、公铁两用重载悬索桥。

2. 工程的主要功能、用途

主梁分上下两层，上层为时速100km/h的双向8车道高速公路，下层为四线铁路，其中连镇线为时速250km/h的双线铁路，预留线为时速200km/h的双线客运专线。

3. 主要参建单位

建设单位：中国铁路上海局集团有限公司

设计单位：中铁大桥勘测设计院集团有限公司

施工单位：中交第二航务工程局有限公司（LZDQSG-1）

　　　　　中铁大桥局集团有限公司（LZDQSG-2）

监理单位：铁科院（北京）工程咨询有限公司

　　　　　中铁武汉大桥工程咨询监理有限公司　联合体

4. 工程开、竣工时间及工程造价

项目于2015年10月28日开工建设，2020年11月29日竣工验收，设计概算67.9亿元。

二、工程设计特点

（1）大桥跨度大、荷载大，列车运营速度高。五峰山长江大桥跨长江主桥为主跨1092m高速铁路与高速公路公铁两用钢桁梁悬索桥，主梁跨度布置为（84+84+1092+84+84）m；大桥下层设4线铁路，设计速度250km/h，设计列车荷载为ZK荷载；上层设8车道高速公路，设计速度100km/h，设计荷载为公路－Ⅰ级活载，设计荷载总计124t/m（按规范折减后），为世界上设计荷载最大的悬索桥。

（2）缺少设计方法与设计标准。五峰山长江大桥为世界首座高速铁路悬索桥，无参考案例可循，目前尚无高速铁路悬索桥刚度标准，需要设计研究提出相关刚度标准。

（3）如何满足轨道几何形位要求，保证轨道平顺性？铁路悬索桥对刚度及梁端转角要求很高，桥梁与轨道线形如何满足列车运行的安全性与舒适性要求，如何对铁路悬索桥进行风－车－轨－桥耦合动力分析，如何进行铁路悬索桥轨道几何形位评价等，都需要深入研究与合理设计。

（4）如何确定大桥的成桥线形与制造线形？铁路桥面为有砟轨道结构，二期恒载大，主缆与主梁的一期恒载状态与成桥状态的线形及受力相差较大，主梁的制造与安装线形、大桥的成桥线形需要合理设计选择。

（5）1.3m超大直径两主缆体系设计难题。对于1.3m超大直径两主缆体系，设计与施工面临诸多难题，如超大直径主缆的应力分布，受力巨大的主索鞍、散索鞍如何设计，超大直径薄壁索夹的抗滑稳定如何保证，超大直径主缆如何紧缆、缠丝，超大重量钢桁梁节段如何架设吊装等设计难题。

三、工程建设难点和技术创新、质量管理创新

1. 工程建设难点

1）建设标准高

大桥铁路四线，设计为客运专线；公路双向八车道，设计为高速公路。为我国第一座公铁两用悬索桥。

2）安全要求高

大桥南锚碇扩大基础位于山壑间，毗邻剧毒危险化工区，基坑防护及岩体开挖安全要求高；北锚碇距大堤仅百米，且毗邻过江电塔，在沉井下沉过程中，需严格监测

及控制周边地基沉降。

3）技术要求高

大桥为我国第一座跨度超千米的超大型公铁两用悬索桥，现有标准均无法满足设计精度要求，主缆线型控制、吊索制造精度、两节间大节段钢梁制造及架设等关键技术要求高。

4）质量要求高

4号索塔处地质复杂，基础结构为高低支腿大直径钻孔桩，施工质量要求高（图1）；北锚碇沉井为我国目前平面尺寸最大的陆上沉井，且重量大、受力复杂，沉井姿态、应力控制及下沉精确定位要求高（图2）。

图1　4号索塔钻孔桩　　　　　　　　图2　北锚碇沉井

2. 技术创新

面对世界上荷载最大的千米级公铁两用悬索桥，大桥建设在应用建筑业10项新技术9大项27子项基础上，自主研发了多项新技术。

1）山壑区坚硬地层大型锚碇施工关键技术

南锚碇位于五峰山山壑间，周围山体高差达36.3m，采用直径87m的圆形重力式扩大基础，其中基坑内基岩占比50%；基底在地面以下38.435m，嵌岩深度最深达21.75m。基岩主要为凝灰质砂岩，岩面呈上下游倾斜，基岩强度30～60MPa。

为解决上述难题，主要研发了以下关键技术。

（1）底部平面不闭合圆形地下连续墙新型防护结构

创新采用"底部平面不闭合圆形地下连续墙新型防护结构"，形成空间立体防护结构抵抗周围不均匀土压力，利用既有岩层减少施工工程量（图3）。

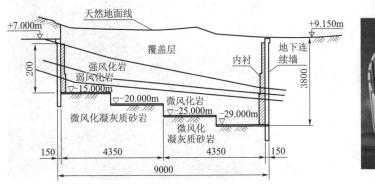

图 3　底部平面不闭合圆形地下连续墙新型防护结构（单位：cm）

（2）"冲击钻引孔+铣槽机铣槽"成槽技术

采用"冲击钻引孔+铣槽机铣槽"的深嵌岩地下连续墙成槽技术，先利用冲击钻将每槽段内岩层冲击成"蜂窝状"，降低岩层完整性，再利用铣槽机铣槽，提高地下连续墙槽段的成槽质量和施工工效（图4）。

图 4　"冲击钻引孔+铣槽机铣槽"技术

（3）基坑开挖岩层预裂爆破技术

基坑岩层开挖采用预裂爆破法，有效降低爆破影响面，与结构物之间采用凌空面隔离，阻断爆破波的传递路线，避免对地下连续墙防护结构及邻近危险化工品的安全产生影响（图5）。

2）超大沉井下沉及控制技术

北锚碇沉井基础长100.7m、宽72.1m、高56m，共分10节，底节为钢壳混凝土结构，其余为钢筋混凝土结构。此外，沉井临近民房、过江电塔及长江大堤等重要建（构）筑物，沉井下沉对周边建筑物影响大。

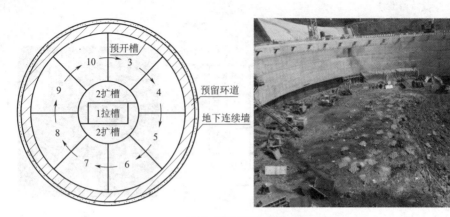

图5　基坑开挖岩层预裂爆破技术

（1）厚垫层砂桩复合地基加固技术

在沉井首沉前，采用"厚垫层砂桩复合地基加固技术"进行基础加固处理，有效解决沉井基础承载力不足的难题（图6）。

图6　北锚碇处地基处理

（2）沉井下沉全过程仿真技术

采用有限元软件，建立沉井的有限元模型，分别针对"大锅底""八区开挖""十字开槽"等施工工艺进行结构受力分析，通过仿真分析预前判断沉井结构在各工况下的受力及变形，为沉井下沉监测及控制提供数据支撑。

（3）沉井分阶段下沉组合工艺

沉井基础的首沉，创新采用"沉井排水、十字开槽开挖下沉"新工艺，即在每个隔墙（井壁）底部同步掏槽，控制掏槽宽度与深度，确保沉井稳步下沉及结构安全（图7）。

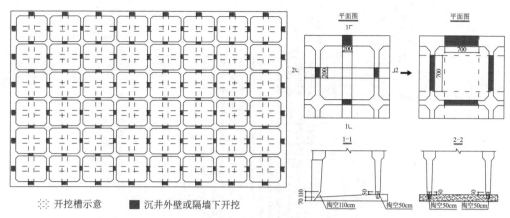

图7 沉井排水、十字开槽开挖下沉工艺

沉井后续下沉采用"空气吸泥机水下吸泥不排水下沉"工艺，包括预留核心土开挖、大锅底状态开挖、大锅底过渡至中央平锅底开挖、终沉阶段开挖、刃脚局部入岩开挖等（图8）。

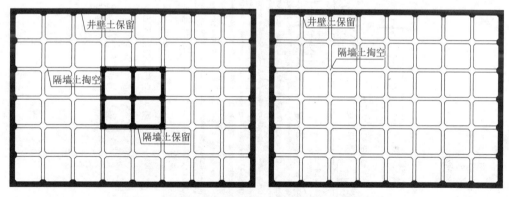

图8 预留核心土开挖支撑及大锅底状态开挖支撑图示

为克服沉井下沉侧摩阻力，在沉井周圈采用空气幕助沉、射水助沉、排水减浮助沉、井外取土助沉等工艺辅助下沉，保证沉井顺利下沉到位（图9）。

（4）沉井下沉全过程信息化监控技术

为保证沉井顺利下沉及结构安全，建立监测系统对沉井几何姿态、结构应力、刃脚土压力等参数进行实时监测。采用Blue View 5000型水下三维全景成像声呐系统，对井底泥面标高实施监测（图10、图11）。

3）铁路道砟桥面轧制不锈钢复合钢板应用技术

（1）不锈钢复合钢板结构

首次研究提出了道床范围内采用轧制不锈钢复合钢板的铁路正交异性整体钢桥面

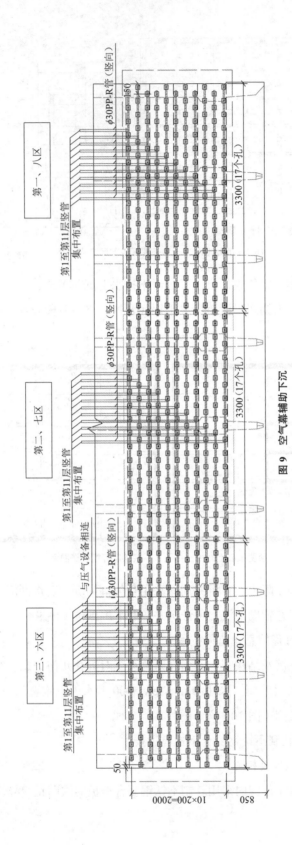

图 9 空气幕辅助下沉

图 10 沉井声呐扫描　　　　图 11 沉井施工监控系统

结构，不锈钢复合钢板的顶层具有不锈钢的特性，防腐性能优越，并通过关键构造疲劳性能研究，同时解决桥面防腐和疲劳两方面的关键问题（图12）。

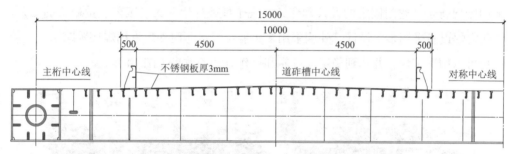

图 12 不锈钢复合钢板示意图

（2）不锈钢复合钢板焊缝检测技术

针对不锈钢复合钢板中不锈钢层与碳钢层超声波声速不一致，在两层不同材质界面处折射角会发生变化，导致缺陷定位发生偏差的问题，创新采用同条件试块的检验形式证明复合钢板探测结果的新型监测技术，确保焊缝质量检验数据准确及质量满足设计要求。

4）公路桥面U肋板全熔透焊接技术

针对正交异性钢桥面板疲劳通病，提出研究开发U肋全熔透焊接技术，该技术在解决正交异性桥面板疲劳这一重大难题上具有国际领先的创新性。

（1）正交异性桥面板U肋双面多头埋弧全熔透焊接工艺

采用双面埋弧全熔透焊接工艺，该工艺分两步实施：第一步，通过U肋内焊装置，平位状况下单丝埋弧U肋内侧施焊；第二步，再采用船位单丝埋弧焊，此时内焊缝能起到"衬垫"作用防止外焊焊穿、焊漏，同时内外焊熔池相交形成U肋焊缝全熔透（图13）。

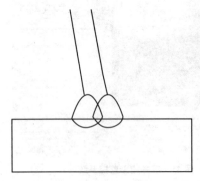

图13 U肋双面多头埋弧全熔透焊接工艺

（2）新型U肋板单元埋弧焊接智能化成套装备

研发完整的打磨、装配、焊接和校正一整套U肋板单元自动化智能制造装备，采用胎架行走、龙门固定的设计理念，实现了埋弧焊熔深大、工艺质量稳定的工艺。U肋内焊设备采用多头设计，外侧采用多头船位焊接。内外焊采用焊接跟踪系统，使焊枪可以精确施焊，并达到稳定、可靠和操作方便的效果（图14）。

图14 U肋焊接设备与生产线

（3）正交异性板U肋全熔透焊缝多通道超声成像检测新技术

采用一个爬波、一个一次横波、一个二次横波的探头组合技术，保证焊缝检测全覆盖，解决U肋全熔透焊缝常规超声波检测不能全覆盖的技术难题。

5）钢桁梁双节间大节段工厂化整体制造、立体匹配组拼技术

钢桁梁采用"双节间大节段工厂化整体制造、立体匹配组拼"技术，减少施工误差累积，提高钢桁架制造、安装的精度；减少现场作业量，减小高空施工风险，提高了安装架设的施工效率（图15）。

图 15 钢梁大节段拼装

6) 钢桁梁大节段"五步"法架设技术

大桥加劲梁重量大,铁路二期恒载占比大,二期恒载加载时机对主缆线形、加劲梁、吊索及桥塔结构受力影响大,架设过程中相邻节段竖向位移及转角变化大,节段对接难度大,合龙困难。

针对上述难点,研发钢桁梁大节段"五步"法架设技术,实现悬索桥钢桁梁安全、快速、精确的安装架设。

(1)利用浮吊吊装、支架拖拉法将边跨钢梁架设到位并刚接成整体。

(2)缆载起重机从中跨对称架设钢梁节段,钢梁节段仅铰接,架设过程中,铰接的钢梁整体线形由"凹"形逐渐上拱为"凸"形且接近成桥线形,然后将钢梁从跨中向两边对称刚接成整体,完成已架梁段的体系转换。

(3)缆载起重机对称架设中跨剩余钢梁节段,每节段吊装完成后即可刚接。

(4)采用边墩、主墩、辅助墩顶的三向调节装置整体起落边跨钢梁,纵移与中跨钢梁合龙口进行位置匹配,然后进行边中跨刚接,将钢梁连成整体(图16、图17)。

(5)二期恒载施工,车载道砟上桥后进行隔断对称摊铺,随着荷载增加,逐渐将钢桁梁由临时支座上转换至正式支座上。

图 16 边跨钢梁架设　　图 17 中跨钢梁架设

7）索夹螺杆同步张拉及实时超声波张拉力检测技术

索夹通过高强度螺栓连接紧固，采用分级同步张拉技术，张拉完成后，利用基于"声弹性原理"的实时超声波检测技术，对全部螺杆轴力进行检测，并在钢梁架设过程中分阶段实时监测螺杆的轴力，指导现场及时补张，保证螺杆轴力满足要求，轴力通过安装超声波设备进行计算（图18）。

图18 索夹螺杆分级同步张拉

8）新型装备的研制

为保证大节段钢梁架设和大直径主缆施工顺利，研制当时世界上额定吊重最大的智能缆载起重机，世界上最大直径的主缆紧缆机、缠丝机。

（1）大吨位缆载起重机

大桥中跨钢梁最大节段质量1432t，研制了世界上最大吊装能力900t的缆载起重机，采用2台起重机抬吊进行大节段钢梁架设（图19）。

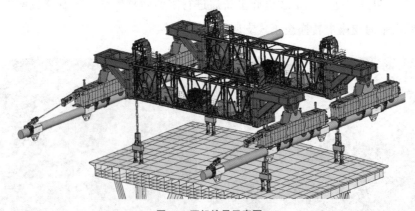

图19 双机抬吊示意图

（2）大直径主缆紧缆设备

大桥主缆直径 1.3m，为世界上最大直径主缆，为保证主缆达到设计空隙率，研制 ZLJ1300 型大直径主缆紧缆机。紧缆机以 6×2500kN 的紧固力向主缆轴心挤压，将主缆截面紧固为圆形，并达到设计空隙率（图 20）。

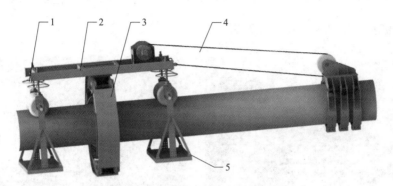

图 20　ZLJ1300 型紧缆机总体示意图
1—走形轮组件；2—扁担梁；3—挤紧器；4—走行牵引系统；5—挂篮

（3）大直径主缆缠丝设备

为保证主缆缠丝质量，研制 ZLC1350 型大直径主缆缠丝设备，适用于 3mm 高 S 形钢丝缠丝施工（图 21）。

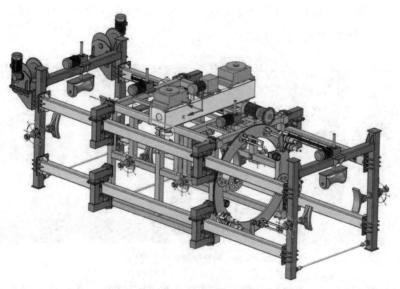

图 21　缠丝机结构示意图

3. 质量管理创新

1）钻孔桩施工

主桥 3 号索塔钻孔桩处岩石为微风化闪长斑岩,强度较高,采用回旋钻成孔工艺,分别配置刮刀钻头和滚刀钻头进行覆盖层和嵌岩层成孔作业。主桥 4 号索墩钻孔桩利用上下游岩石强度不同的特点,上游采用回旋钻机,下游采用冲击钻机,适应地质多变的桩基,钻进工效高（图 22）。

图 22　钻孔桩施工

2）南锚碇施工

南锚碇基础采用地下连续墙+环形钢筋混凝土内衬支护结构,采用逆作法完成基坑开挖和内衬施工。地下连续墙采用"冲击钻引孔+铣槽机铣槽"成槽工艺,提高施工效率和成槽质量。地下连续墙接头采用铣接头,能够很好地承受圆形地下连续墙的环向压力,同时具有较好的止水效果（图 23）。

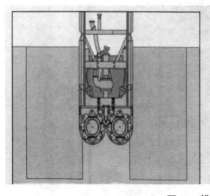 

图 23　槽段铣接头示意图

锚碇填芯混凝土采用竖向分层、水平分块的方式浇筑,单次最大浇筑方量约为 5860m³。为控制大体积混凝土温度裂纹,选用低水化热水泥,优化混凝土配合比,从源头上控制水化热；同时,利用有限元软件进行混凝土水化热仿真分析,合理布置冷却水管，埋设测温元件对混凝土内部温度进行实时监控，根据监控结果调整冷却水温度和流速，从而控制混凝土内外温差（图24～图26）。

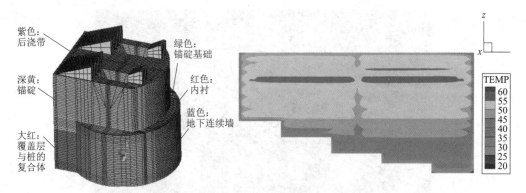

图24　南锚碇温控模型及温度包络图

图25　太阳能混凝土芯部温度自动采集器

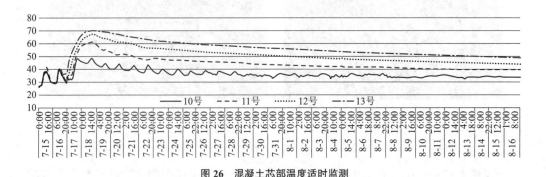

图26　混凝土芯部温度适时监测

3）北锚碇基础施工

北锚碇基础为陆地沉井基础，采用"三次接高、三次下沉"施工技术，即：首次，排水、十字槽开挖法下沉工艺；第二次，"不排水分区开挖下沉"工艺；第三次，

"不排水预留核心土滞后开挖"下沉工艺。在终沉阶段采用空气幕辅助下沉法和排水减浮法，确保沉井下沉各项指标满足要求（图27）。

图27　沉井施工

4）主墩塔柱施工

塔柱采用液压爬模施工技术，下塔柱2m高范围与塔座第二次浇筑同时施工，有效防止塔柱底部产生裂纹。下横梁采用落地支架施工，与主塔同步施工，上横梁采用多功能装配式空中支架施工，与主塔异步施工（图28、图29）。

图28　塔柱施工

图29　横梁施工

5）主缆施工

主缆索股通过组合式力矩电机被动放索装置放索，采用门架式双线往复牵引系统牵引过江，牵引过程中严格控制卷扬机牵引速度和放索速度，通过调整猫道面上托架高度和布置间距，保证索股牵引顺畅，有效避免索股牵引过程中出现挂丝、断丝、散丝、扭转等质量通病（图30、图31）。

图30 组合式力矩电机被动放索装置　　图31 索股牵引

中跨和边跨索股调整通过垂度控制，锚跨索股调整通过张拉力控制。主缆基准索股采用绝对高程法进行测量控制，一般索股采用相对基准法进行测量控制，提高主缆安装精度和效率（图32、图33）。

 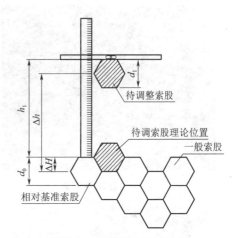

图32 基准索股垂度观测棱镜　　图33 一般索股垂度测量方法

通过预紧缆和正式紧缆两道工序，保证主缆直径、空隙率和不圆度满足要求。预紧缆采用"二分法"分段，人工利用专用工装紧缆（图34）；正式紧缆采用专门研制的新型数字化、智能化紧缆机（图35）。

6）锚固系统施工

大桥锚固系统在工厂内通过数控机床精确下料，采用自动化焊接机器人制作，保证加工精度；现场采用专用吊具吊装安装，利用高精度全站仪和型钢定位支架精确测量定位，保证安装精度；锚杆连接处高强度螺栓严格按照初拧→复拧→终拧的工艺施工，控制高强度螺栓连接质量（图36、图37）。

图 34　预紧缆

图 35　正式紧缆

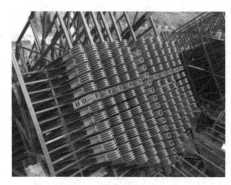
图 36　锚固系统安装

图 37　高强度螺栓连接

7）索夹施工

主缆索夹螺杆张拉采用分级同步张拉及实时超声波张拉力检测技术，保证了螺杆荷载的均匀性（图38）。

图 38　索夹螺杆分级同步张拉

8）钢桁梁施工

桁梁采用双节间大节段工厂化整体制造、立体匹配组拼技术，通过"3+1"节段匹配组装，保证了钢梁的制造精度和质量（图39）；通过钢桁梁大节段"五步法"架设，实现了钢梁的快速、精确的定位架设（图40）。

图39 钢梁总拼　　　　　　　　图40 钢梁吊装

公路桥面U肋采用全熔透焊接技术，通过多通道超声成像检测技术对U肋全熔透焊缝进行检测，保证焊缝质量的可靠性。通过对复合钢板坡口打磨、基层、过渡层及复层焊接全过程控制和焊接温度、电流等工艺参数的严格控制，保证复合桥面板连接质量（图41、图42）。

图41 对接缝码平　　　　　　　　图42 钢梁焊接

9）公路桥面铺装

通过原材料优选、沥青混合料配合比优化，严控喷砂除锈、防腐、防水粘结层质量，底层GA-10浇筑式沥青采用专用运输设备Cooker保温运输，面层EA-10环氧沥青采用福格勒2100-3L型摊铺机进行摊铺，确保公路桥面铺装质量（图43、图44）。

图 43　浇筑式沥青摊铺　　　　　　　图 44　环氧沥青摊铺

四、工程质量管理制度、质量管理流程、质量管控措施

施工质量的核心是现场施工能满足相关技术规范和要求。重点开展以下过程管理，引导现场质量提升，打造品质工程。

1. 工程质量管理目标

工程质量满足国家、中国铁路总公司（含原铁道部试行）颁布的质量验收标准和设计要求，一次验收合格率 100%；确保省部级优质工程，争创国家级优质工程奖。

2. 工程质量管理制度

在工程质量管理过程中，建立了完善的质量管理体系，全面落实质量管理流程，全过程、全方位的质量管理手段，遵循 PDCA 质量管理模式，通过严格落实施工技术交底制度、质量例会制、首件制、三检制、临时结构内验收、定期检查制度、隐蔽工程检查制度、质量信息化管理制度、工程成品和半成品保护制度、质量考核制度和质量奖惩制度等相关管理制度，同时积极开展质量通病治理、质量红线管理、技能比武等活动，确保了体系的有效运行，加强了质量管控的力度，进一步保障了施工的品质。

3. 工程质量管理流程

在工程建设过程中，制定了项目质量体系、工程质量管理、工艺质量控制、科技立项、方案审批等管理流程，细化质量管理步骤，确保工程施工质量得到有效管控（图 45～图 49）。

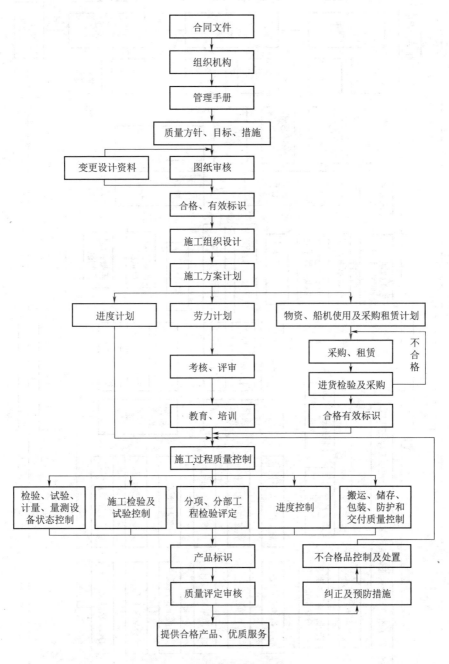

图 45 工程质量管理流程示意图

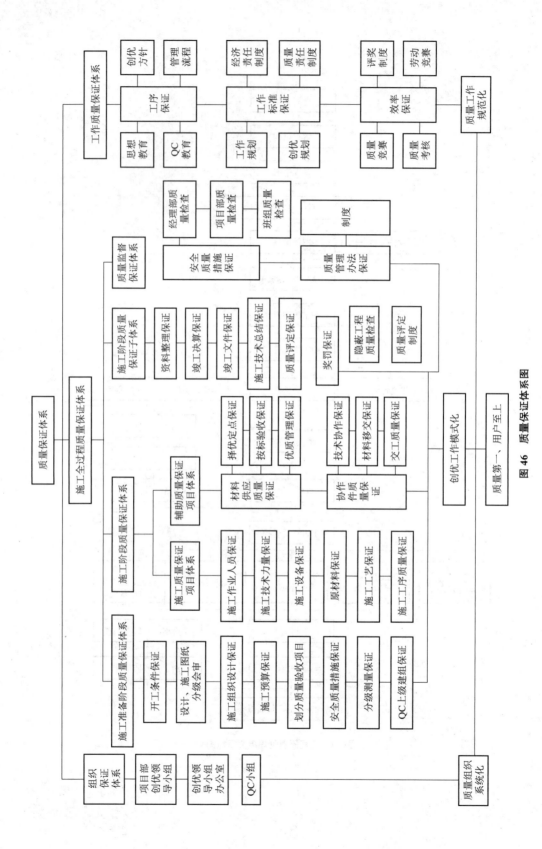

图 46 质量保证体系图

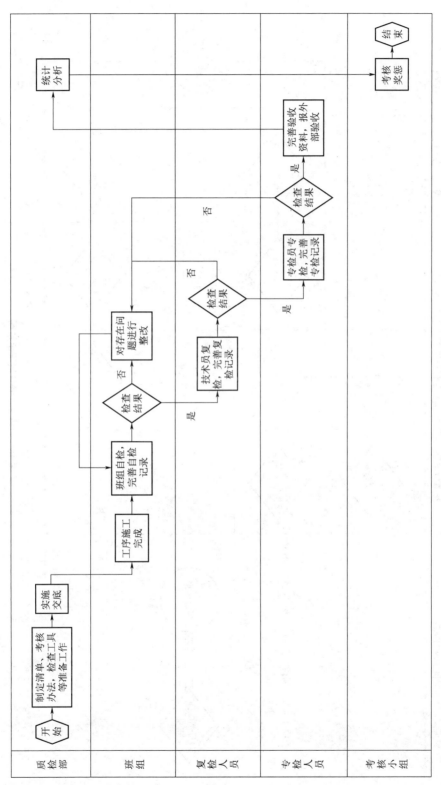

图 47 工艺质量控制流程图

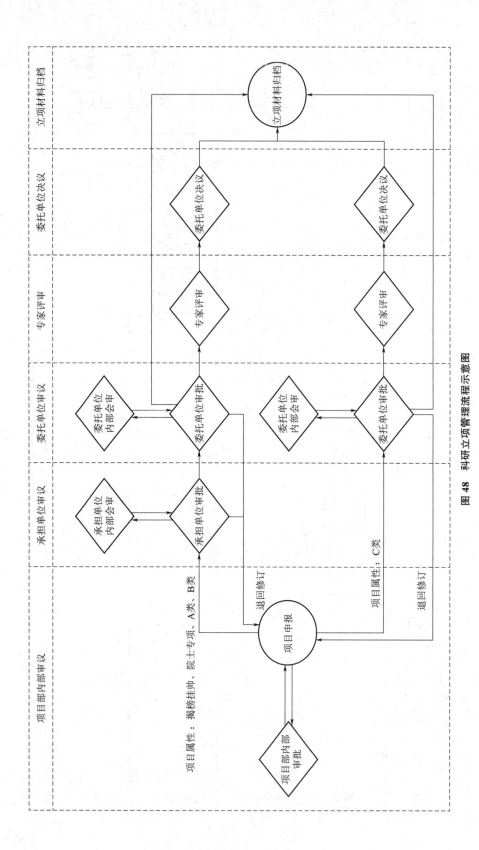

图 48 科研立项管理流程示意图

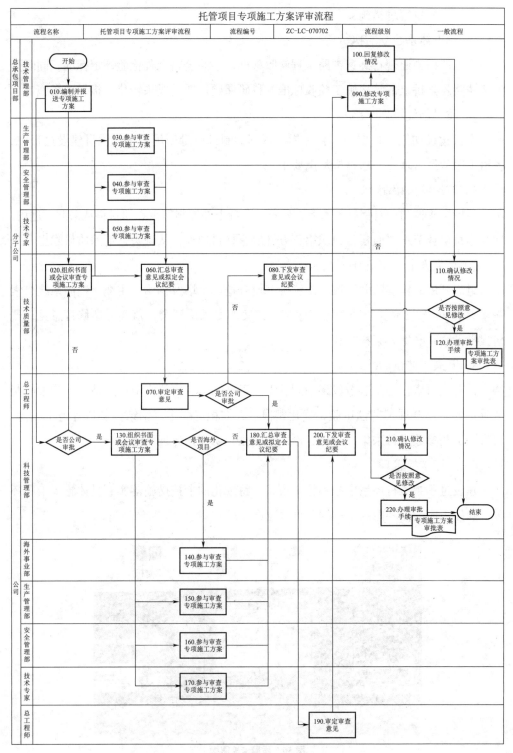

图 49 方案审批流程图

4. 工程质量管理措施

1）标准体系建立与执行

施工严格遵照现行高速铁路工程验收标准、参照公路工程检验评定标准，同时开展《铁路悬索桥上部结构施工验收标准》科研课题，通过成果转化，指导现场施工。

2）质量创优策划与落实

项目建设初期，根据质量目标提前规划，制订质量创优方案。项目建设过程中，各道工序从严管理，各项指标从严要求。

3）质量源头控制

坚持源头控制，对钢材、水泥、砂石、混凝土外加剂等重点原材料从采购、进场、检验等每个环节从严监督，组织第三方开展原材料抽检，从源头上消除质量隐患。

4）重大方案专家审查

组织开展北锚碇沉井下沉、南锚碇基坑开挖、主塔及钢梁、主缆、锚固系统、索鞍索夹等49次技术复杂和关键工序施工方案的专家论证会，落实方案修订意见，严格报批手续，确保方案科学合理。

5）开展工艺试验

针对大桥塔柱施工、节段梁预制、索鞍索夹制造、钢梁大节段制造、主缆索股制造等重要工序开展工艺性试验，优化爬模、大体积混凝土、钢结构制造等施工工艺，对有关工艺参数进行采集、分析、论证和固化，切实指导现场施工。

6）工序卡控管理

建设过程中推行质量卡控图管理模式，将细化的卡控措施落实到具体施工工序环节，确保工序卡控和隐蔽工程验收到位（图50）。

图50 质量卡控图牌

7）"三检制"管理

所有工序实施"三检制"，针对沉井下沉与接高、地下连续墙槽段钢筋笼下放、液压爬模施工、主缆、钢梁架设等关键工序开展联合检查签证，确保施工质量满足要求。

8）第三方检测

为加强建设质量控制，做到从点到面全方位、全过程控制，委托武汉中科科创开展桥梁基桩检测，江苏法尔胜开展钢结构第三方检测。

9）驻厂监造管理

针对钢梁、主缆、锚固系统、索鞍、索夹等关键物资设备，进行专项驻厂监造管控，全过程盯控物资设备制造，确保制造质量。

五、工程绿色、节能、环保措施

1. 绿色节能环保措施

大桥设计按照多功能共通道建设，节约资源与投资，实现降耗、增效和生态环保效益最大化。统筹规划项目全过程中的绿色设计，开展技术创新和新技术的应用，努力实现能耗低、效率高且环保的设计方案（表1）。

"四节一环保"措施一览表　　　　　　　表1

序号	项目	优化措施	优化成果
1	节能	双线往复式牵引系统及索股入鞍工艺优化	节约工期30d
		承台上下游异步开挖施工	节约工期20d
		选用节能型机械设备和照明设备	节能降耗
2	节地	分工序、分时段合理规划、动态调整场地布置	主桥－南锚碇生产区占地129亩，使用率达85%
3	节水	自动喷淋系统喷淋用水循环利用	节水8.9万t
		大体积混凝土冷却水循环利用	
		试验室蒸汽雾化器雾化养护水	
4	节材	单层内支撑的干法施工	节省混凝土8874m^3，节省系梁支撑桩8根，节省2道内支撑钢结构166t
		拱形支架优化设计和循环利用	节约钢材380t
		使用可倒用的标准化安全防护设施	节约钢材170t

续表

序号	项目	优化措施	优化成果
5	环保	编制环水保实施方案并落实 配备洒水车和雾炮除尘机等设备用于降尘和路面清扫 设立环境在线检测自动采集系统对扬尘、噪声等进行自动监测 种植绿植等美化驻地环境 与环卫机构签订转运协议定期清理生活垃圾 生活、生产污水经沉淀后排入城市雨水和污水管网	扬尘、水土污染、光污染、噪声与振动等指标符合国家标准

2. 取得的效益

环境效益：本项目在施工过程中对周边的居民区、历史建筑及渔场等地区的水质、空气质量等进行监测；监测结果显示：工程对附近水域水质、空气质量、噪声均无明显影响。

经济和社会效益：以绿色设计的理念贯穿始终，解决了在人工岛项目前期策划、详细设计、施工、后期运营中的环境保护、节能减排问题，也为整个项目节省了相关成本，提升了项目的盈利，具有可观的社会效益。

（1）主墩承台采用单层内支撑的干法施工方法，节约钢材166t。

（2）通过拱形支架优化设计和循环利用，节约钢材380t。

（3）使用可倒用的标准化安全防护设施，节约钢材170t。

（4）通过对双线往复式牵引系统及索股入鞍工艺进行优化，节约工期30d。

（5）采用承台上下游异步开挖技术，节约工期20d。

（6）应用BIM信息化技术辅助施工，提升项目质量管理水平。

3. 绿色施工效果

大桥积极采用绿色施工新技术，荣获中国建筑业协会绿色建造暨绿色施工分会"2017年度全国建筑业绿色建造暨绿色施工示范工程"，荣获"2017年中国中铁节能减排标准化工地"称号、2021年中国施工企业管理协会工程建设绿色建造施工水平三星评价等。

六、工程实体质量水平

1. 实体质量的基本情况

（1）南锚碇地下连续墙槽段混凝土强度满足要求；槽段超声波完整性检测合格；

基坑开挖后槽段接缝结合较好，无渗漏；锚碇基础填芯和锚体混凝土密实，无有害裂纹。

（2）北锚碇沉井下沉过程中各项指标满足要求，结构受力合理，几何姿态良好；锚体混凝土密实，无有害裂纹。

（3）全桥1787根钻孔桩均为Ⅰ类桩。

（4）两岸索塔轮廓清晰、棱角分明、色泽均匀、无有害裂纹，塔身纵桥向倾斜度偏差最大值为6.1mm（镇江侧）、12mm（扬州侧），远小于规范允许值（≤H/3000且不大于30mm）。

（5）主缆索股匀顺，线形流畅，索股张力均匀，索夹无滑移，锚头牢固。基准索股中跨跨中最大偏差13mm，小于规范值±L/20000；空隙率实测值与设计值最大偏差0.7%，满足规范允许限值±2%的要求；不圆率实测值最大偏差1mm，满足规范限值2mm的要求。

（6）钢梁焊缝报告齐全，所有焊缝探伤合格率100%。钢梁防腐涂层厚度、抗拔力符合设计和规范要求。

（7）动态验收数据表明，桥梁满足动车组以250km/h及以下速度运行时的安全性、平稳性相关标准要求。在设计荷载作用下，大桥端横梁挠度最大值为0.5mm，中跨跨中竖向挠跨比和梁端竖向转角均满足规范要求。

2. 质量特色与亮点

（1）大桥结构新颖：采用1092m一跨过江，是我国首次采用主跨千米级的公铁两用悬索桥结构形式，也是世界上运行速度最快的高速铁路悬索桥。

（2）超大直径主缆安装质量高：大桥主缆直径1.3m，是世界上最大直径主缆，采用温度修正的绝对高程法和相对基准法进行测量控制，提高了主缆索股安装精度和效率。

（3）大节段钢桁梁制造安装质量高：钢桁梁工厂化整体制造、匹配组拼，保证了钢梁的制造精度和质量，采用"五步法"架设工艺，实现了钢梁的快速、安全架设。

（4）研发的U肋埋弧全熔透焊接成套技术解决了U肋板与面板间焊缝疲劳的世界级难题。

（5）轧制不锈钢复合钢板的应用，解决了铁路道砟下方潮湿环境下结构的腐蚀问题。

（6）索夹螺杆同步张拉及张拉力实时超声波检测技术确保了索夹的牢固可靠性，规避了索夹滑移风险。

（7）结合工程建设实践，形成了大跨度公铁两用悬索桥上部结构施工质量验收规范，填补了空白。

七、工程社会经济等综合效益

1. 工程获奖情况

大桥获国家发明专利 16 项、实用新型专利 18 项、省部级工法 5 项、省部级 QC 小组奖 8 项、中国中铁杯优质工程、鲁班奖、国家优质工程金奖等诸多荣誉，其中"千米级公铁两用悬索桥施工技术"经专家鉴定为国际领先。

2. 社会经济效益

五峰山长江大桥建设过程中，各级媒体多次报道，受到了同行业及社会各界的高度关注。

大桥的建成，对构建苏北快速铁路网，推动苏中、苏南融合发展，推进宁镇扬同城化，加快长三角地区一体化进程以及对国家"一带一路"和沿海开发战略的深入实施，具有十分重要的意义，社会效益显著，大桥获评 2022 年中国新时代 100 大建筑。

3. 工程建设相关方的意见

大桥功能齐全，造型优美，线形流畅，实现了结构与环境的和谐统一。结构内实外美，锚碇坚实可靠，索塔轮廓清晰、棱角分明、色泽均匀，加劲梁结构合理、连接牢固、经久耐用，锚室干燥整洁，除湿系统智能高效，伸缩装置平顺，附属工程功能完善、美观耐用。运营监测数据显示，大桥运行状态良好。

建华龙一号,筑国之重器

——福建福清核电有限公司中国自主三代核电华龙一号全球首堆示范工程

一、工程概况

1. 工程名称

福清核电 5、6 号机组工程。

2. 工程地点

福建省福州市福清市三山镇。

3. 工程规模

2×1161MW "华龙一号" 核电机组。

4. 开竣工日期

开工日期：2015 年 5 月 7 日，竣工日期：2022 年 3 月 25 日。

5. 工程功能

本工程是中国自主研发的、拥有完全自主知识产权的三代核电技术"华龙一号"全球首堆示范工程，技术指标满足国际三代核电技术标准，达到国际先进水平。每年可向社会提供近 200 亿 kWh 清洁电力，极大地缓解了海西地区因经济发展和能源需求而带来的环境治理压力。

6. 工程意义

本工程是中国核工业在三十余年核电科研、设计、制造、建设和运行经验的基础上，深入贯彻习近平新时代中国特色社会主义思想，坚持走中国特色自主创新道路取得的重大成果，开启了中国三代核电自主设计、自主建设、自主管理运营的新篇章，肩负着推动中国核电"走出去"的重要使命，对优化我国能源结构、推动绿色低碳发展具有重要作用。工程的全面建成投产，大幅提升了中国核电的全球竞争力，有效带动了装备制造业转型升级，为全球提供了发展三代核电的中国方案和中国经验。随着"一带一路"的纵深发展和中国核电步入"造船出海"新时代，示范工程已成为后续项目参考借鉴的典范，是"中国制造2025"标志性工程，被党和国家领导人誉为"国之重器""国家名片"（图1、图2）。

7.工程建设有关方

建设单位：福建福清核电有限公司（简称福清核电）

工程总承包：中国核电工程有限公司（简称中核工程）

勘察单位：郑州中核岩土工程有限公司

设计单位：中国核电工程有限公司、中国核动力研究设计院、中国电力工程顾问集团华东电力设计院有限公司

监理单位：中核工程咨询有限公司

施工单位：中国核工业二四建设有限公司、中国核工业二三建设有限公司、中国核工业第五建设有限公司

图1 福清核电厂区全景

图2 福清5、6号机组工程全景

二、工程设计特点

工程采用的"华龙一号"技术是满足国际三代核电最高安全标准的先进压水堆，具备包括完全自主的 177 堆芯、能动与非能动相结合的安全系统、双层安全壳、全面的严重事故预防与缓解措施、强化的外部事件防护能力、完善的应急响应能力等在内的先进设计特征。依托本工程，我国建立了首个具有完整知识产权的"华龙一号"研发体系，工程设计获评 2023 年工程建设项目设计水平评价一等成果。

（一）首创 177 堆芯设计，实现三代核电技术"中国芯"

"华龙一号"创新提出 177 燃料组件堆芯方案，攻克了强约束条件下的堆芯核设计、新型堆内构件及堆芯测量系统研发等难题，扭转了堆芯设计技术受制于人的局面，创造了三代核电"中国芯"。177 堆芯设计在提高了堆芯额定功率的同时又降低了平均线功率密度，提升了发电能力和运行安全裕量。荣获中国专利金奖（图 3）。

图 3 中国专利金奖

（二）首创"能动与非能动相结合"，提升安全性

首创的能动与非能动相结合设计理念，综合了能动系统的成熟性和非能动系统的内在可靠性，全面保障三道安全屏障的完整性。研发了二次侧非能动余热排出系统、非能动堆腔注水冷却系统、非能动安全壳热量导出系统，作为能动系统失效后的备用措施。该设计强化了设计基准事故应对能力，配置了完善的设计扩展工况应对措施，从设计上消除大规模放射性释放，达到世界领先水平（图 4）。

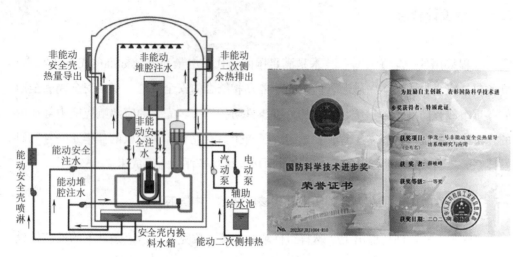

图 4 能动+非能动系统设计

（三）双层安全壳系统研发

"华龙一号"采用最高设计标准，在国内首次自主研发了双层安全壳设计技术，并在国际上首次完整实现了严重事故下放射性双层包容、事故后非能动最终热阱、抗 0.3g 地震、抗商用大飞机撞击等功能，满足对安全壳最后一道安全屏障的国际最高安全标准要求。获得国防科技进步一等奖（图 5）。

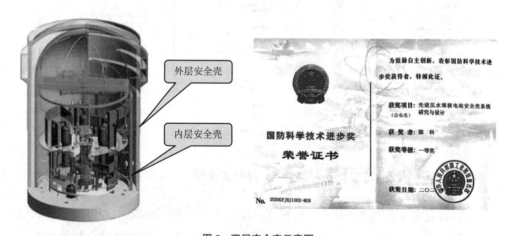

图 5 双层安全壳示意图

（四）研发抗商用大飞机撞击设计，提升抵御能力

创新提出"抗飞机撞击壳"加"充分隔离冗余系统"的总体防护策略，解决了设

计基准、防护原则、撞击效应分析、门洞防护优化等关键问题，提升了抵御外部极端事件能力。形成了一整套成熟、完备的抗飞机撞击分析、设计、评估方法和流程，研发了抗飞机撞击钢筋机械接头和特种防护门等关键材料和设备，达到国际先进水平。

（五）研制核心关键设备，解决了"卡脖子"问题

"华龙一号"60年电厂设计寿期和抗震标准提升对设备设计和制造提出了更高的要求。项目团队突破技术瓶颈，创新研制反应堆压力容器等411项关键设备。本工程涉及5400多家制造企业、6万多台套设备，设备国产化率超过88%，核心关键设备实现100%自主化。"中国造"提高了电厂经济性指标，带动了中国高端装备制造业整体水平提升。

1. 研发反应堆压力容器

国内首次掌握三代核电反应堆压力容器设计和安装技术，建立了设计、制造、试验等技术要求和规范体系，并在材料设计、结构设计和保温设计等领域实现大量创新。本项目拥有完全自主知识产权，达到国际先进水平。获评1项科技一等奖，授权8项专利，1项国际ISO标准（图6）。

图6 压力容器示意图及证书

2. 研发蒸汽发生器

研发团队相继开展了管子支承板水力特性试验、汽水分离装置性能验证、传热管束流致振动试验和综合性能试验四个大项设计验证试验的专项技术攻关，在国内首次实现了对蒸汽发生器关键部件性能以及综合性能的全面试验验证，实现了ZH-65型蒸汽发生器的自主研发（图7）。

图 7　福清核电 5 号机组首台蒸汽发生器

3. 研发堆内构件

基于全新堆芯布置及三代核电安全要求，创新研发适应 177 燃料组件堆芯布置要求的"华龙一号"堆内构件，结构强度满足安全停堆地震由 0.2g 提升至 0.3g 的抗震要求、屏蔽结构满足 60 年寿期的快中子注量要求等。与同类堆型相比，具备较高技术成熟度，处于国际先进水平。

4. 研制反应堆控制棒驱动机构

研发满足三代压水型反应堆需求的 ML-B 型控制棒驱动机构，实现了驱动机构设计、制造全面国产化，技术完全自主可控，与主流同类设备相比，设计寿命更长、运行步数更多、抗震能力更强，处于国际领先水平。

与主要在役核电站所使用驱动机构对比如表 1 所示。

ML-B 型驱动机构与主要在役电站驱动机构对比表　　表 1

名称	ML-B 型驱动机构	主要在役电站驱动机构
设计寿命	60 年	40 年
运行步数	1500 万步	1000 万步
抗震能力	0.3g	0.2g

（六）开发设计、仿真、建设数字化平台，高效协同与充分验证

创建"互联网+三维"异地协同设计平台，互联单位 20 余家，终端数量 500 多台，攻克多专业、多用户、异地协同和复杂三维建模难题；制定核电领域首个数字电厂交付标准，实现全过程、全要素联动的设计信息管理；研发高精度仿真验证平台，

解决试验周期长、试验不可达等问题；采用"小核心、大协作"研发模式，以型号研发单位为主体，联合国内75家高校、科研机构、设备制造厂共同参与华龙一号的技术研发，与14家国际组织和科研机构展开合作，完成179项关键技术研发和试验验证工作，打造了"产学研用"一体化科技创新平台，保障核能持续创新发展。

三、工程建设难点和技术创新、质量管理创新

（一）工程建设难点

"华龙一号"首堆工程在厂房结构设计、设计参数、厂房布置等方面均有创新，与国内已有堆型相比有较大差异，对建设人员的基本技能和技术能力提出了更高的要求，新的结构和布置形式也对施工技术和工艺提出了更高的要求，主要难点有：

（1）全新堆型的全新设计理念首次在工程上验证，以及大量"三新"设备（新设计、新设备、新厂家）首次应用给现场施工带来困难和挑战。

（2）工程实体工程量大，由此也带来安全形势严峻、质量管控难度陡增、人机料等资源供应困难等一系列的挑战。

（3）面对首堆工程，施工团队无成熟的施工经验，需要开展大量的逻辑推演、技术分析和实践检验。

1. 双层安全壳

"华龙一号"的双层安全壳结构体形为国内最大。内层安全壳采用预应力混凝土结构，内、外层安全壳之间仅有1.8m的环形空间，面临双层安全壳施工干涉、超大跨度穹顶、双层安全壳设备闸门安装、贯穿件安装等施工困难、安全风险大的难题。

2. 外挂水箱施工

"华龙一号"外层安全壳在标高38.85~57.25m处布置了一圈外挂水箱，外挂水箱为一环形封闭、悬挑、大跨度的特殊结构，其中布置了PRS二次侧非能动余热排出系统和PCS非能动安全壳余热导出系统。外挂水箱高于周边屋面，悬挑跨度大、施工荷载大、施工难度大、风险大。

3. 超大体积混凝土施工技术难点

"华龙一号"主体结构截面尺寸大，混凝土用量多，单次混凝土最大浇筑方量约为$9200m^3$。大体积混凝土存在容易产生裂缝的弊端，现场从混凝土原材选择、施工工艺、温度监测等方面优化混凝土裂缝的控制措施，减少了裂缝的产生。

4. 主泵安装

主泵是核岛反应堆冷却剂系统的关键主设备，主泵能否按计划顺利引入安装，将对后续冷试节点的能否顺利实现产生重要影响，与M310采用的主泵泵壳相比，其支耳结构设计存在较大差异，传统的施工工艺方法无法满足施工需求。

（二）技术创新

1. 双层安全壳相关施工技术

"华龙一号"安全壳结构体形为国内最大，为解决施工难题，建造安装团队自主研发，形成了一系列成套建造技术及施工成套设备，摆脱了对国外设备与技术的依赖，减少了施工工作量，缩短了工期，经济效益明显。

1）大直径双曲面外穹顶钢制模板模块化施工技术

国内核电领域首次采用球面拼接双曲面钢制模板代替传统的满堂脚手架支撑结构施工外穹顶，避免壳间模板体系搭设的空间局限性，避免受限空间内倒运材料，减少现场的交叉作业，降低安全风险。该技术获授权2项专利（图8）。

图8 大直径双曲面外穹顶钢制模板模块化施工

2）大直径薄壁钢衬里模块化建造技术

采用钢衬里模块化吊装技术代替传统的钢衬里单片吊装技术，实现核电领域最大直径的薄壁钢衬吊装。解决了交叉施工带来的高安全风险、低工效等问题，实现模块化施工流水作业，提高了施工质量。该技术获1项科创一等奖、2项专利、1项工法（图9）。

图9 大直径薄壁钢衬里模块化施工

3）双层安全壳预应力成套技术

专项组优化预应力施工设备及施工工艺，攻克了倒U形钢束整体穿束、核电大吨位预应力张拉、浆体一次成型及分段灌浆等技术难题，形成我国自有的先进预应力施工技术。获5项专利、2项工法。

4）设备闸门安装技术

"华龙一号"的设备闸门属国内首创，施工难点是保证导轨柱安装精度、悬挂装置挂耳与导向盒的配合精度、导向装置的定位精度及部件间关联定位尺寸等。专项组研究其结构特点和安装要求，制订详细的安装方案，并合理规划施工逻辑，保障了安装和运行质量（图10）。

图10 设备闸门安装图

5）贯穿件套筒同轴度施工技术

"华龙一号"外层安全壳需安装113个贯穿件套筒，其中107个贯穿件套筒与内壳贯穿件套筒有同轴度要求，且贯穿件套筒之间间距和直径存在变化，设计要求混凝土浇筑完成后同轴度误差小于 ±10mm。项目组设计了贯穿件套筒定位安装装置，保证安装合格率达100%（图11）。

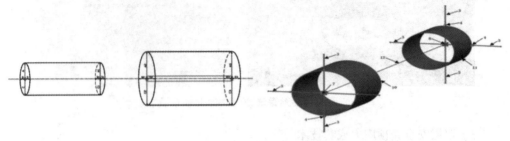

图11 贯穿件同轴度示意图

2. 外挂水箱永久性桁架支撑系统施工技术

外挂水箱沿外壳周圈布置，悬挑宽度为3.9m，采用悬挑支撑代替传统的满堂脚手架支撑体系承担外挂水箱的荷载，且分层分段优化，保证外挂水箱楼板与外壳筒体整体浇筑。解决了高空大悬挑水箱施工、安全风险大的难题，降低了施工难度及安全风险。获1项专利（图12）。

图12 永久性桁架支撑体系

3. 主泵泵壳吊装技术

因"华龙一号"主泵泵壳为不规则结构体，重心位置略有偏移，安装团队自主研制了以泵壳支耳结构为稳定受力点的专用吊具，规避了泵壳倾翻的吊装风险，有效保证了主泵泵壳安装质量（图13）。

图 13　泵壳与环吊连接吊装图

4. 一体化堆顶结构安装技术

"华龙一号"一体化堆顶结构属于全新设计,现场充分研究上游技术文件,结合自身施工经验,制订了一整套的安装施工流程及指导文件,研制了围筒钻孔专用工装,解决了围筒开孔等问题,节约了工期。

5. 控制棒驱动机构水压试验技术

通过控制棒驱动机构的动作实现反应堆启动、功率调节、停堆和事故工况下的安全控制。本技术实现了5、6号机组控制棒驱动机构水压试验一次合格率均达100%,具有省时省力、自动化程度高、操作简便等优点,填补了该领域国内空白(图14)。

图 14　控制棒驱动机构水压试验系统

6. 凝汽器吊装技术

采用自主设计吊装平衡梁吊装凝汽器壳体模块（净重约148t），解决厂房内80t起重机吊装能力不足问题。通过5台起重机进行16次空中接换钩，穿过厂房框架梁和汽轮机基座大梁，完成吊装工作。

7. 自主设计挂架体系

针对设备闸门、核岛外墙、燃料水池等脚手架搭设高度高，安全风险大，同时脚手架制约其他工序施工，无法达到平行施工的情况，项目组自主设计挂架体系，解决了施工操作空间受限问题，减小了对周围区域施工的影响，显著加快了整体厂房的施工进度。获1项专利。

（三）质量管理创新

1. 打造完全自主标准体系

依托首堆示范工程，建立了我国首个自主三代核电型号——"华龙一号"标准体系，涵盖核电厂全生命周期（通用基础、前期工作、设计、设备制造、建造、调试、运行、退役），共计标准2000余项，完成了35项重点技术研究，形成了一批与国际先进对标的核电国家标准、行业标准，打造了完整的三代核电标准体系，提升了我国核电标准化程度和国际话语权。该标准体系已广泛应用于后续工程，已实现中国核电"走出去"的战略目标。项目还形成716件国内专利、65件国际专利、101件海外注册商标、64件国内注册商标、125项软件著作权。获得企业管理创新成果一等奖；国防科技进步奖一等奖（图15）。

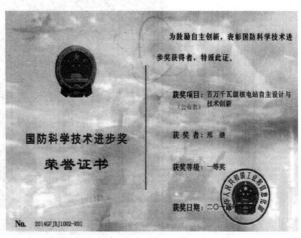

图15　项目获奖证书

2.首创业主负责制下的EPC模式

本工程管理模式既强调业主负责制，也实施工程总承包制。业主对总承包管理体系的有效运作进行全面监督、主动监督，重点管控关键目标和过程偏差，补强工程总承包管理中的不足。各参建单位以现场为中心，以工程为主导，减少分歧，增强合力，形成在现场项目部层面统一领导的体系。

3.首创核电建设党建联建机制

示范工程建设中始终坚持党的领导，创新开展党建联建"12345"工作机制，积极探索推动党建融入重大工程的思路和途径，实现党建对工程建设的引领保障作用，激发建设团队的内生动力，使党建与中心工作深度融合、相互促进，实现了党建与工程建设"双丰收、双示范"的目标。获得中组部和国资委的高度认可，并在中国核工业集团全面推广（图16）。

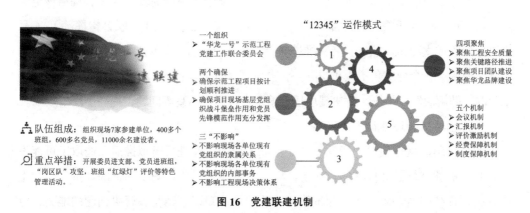

图16 党建联建机制

4.建立首堆特色的多层级协调机制

相比国内其他核电机组，福清核电5、6号机组得到了各级政府主管部门和中核集团更多的关注和重视。为充分发挥这一优势，为项目争取更多资源，项目建立了国家部委、中核集团、项目等层面的具有首堆特色的五级协调机制，更高效地解决项目的关键、重大问题。如国家能源局于2015年成立"华龙一号"示范工程建设协调小组，成员包括国家能源局、地方政府部门、行业协会、设计、施工、设备制造相关单位，集中优势资源，加快经验共享（图17）。

5.建立工程联合指挥部运作机制

在示范工程首堆（5号机组）调试初期，安装和调试以及部分土建工作深度交叉，施工逻辑复杂、现场问题多、协调难度大，特别是《核安全法》明确将装料许可证与运行许可证合并为运行许可证后，对装料前的准备工作提出了更高要求。为安

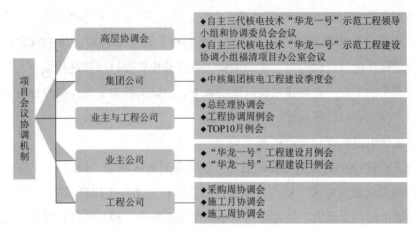

图17 多层级协调机制

全高质推进装料准备工作，按时获得运行许可证，确保装料目标顺利实现，福清核电党委、总经理部高度重视，统筹部署成立5号机组装料推进专项组（联合指挥部），6号机组分阶段成立冷试、热试、装料推进联合指挥部。6家参建单位的项目部领导及福清核电工程相关7个处室负责人集中办公，秉持"今日事今日毕，发现问题立即上报，上报问题立即解决"的原则，解决现场任务繁杂、沟通成本高等问题，提高了决策效率。

6. 首创项目管理沙盘推演机制

首次运用沙盘推演对"华龙一号"首堆工程的建设进行模拟推演。选取了可能发生的典型事件进行了文件查阅、访谈沟通、情景模拟、压力测试和追踪评价。通过上述方法，总结归纳基础事实，测试管理团队的管理知识、经验和解决问题的能力，分析预测项目阶段性的发展趋势，从而达到提前识别风险、事前管控风险、有效降低风险的目标。推演机制已在行业内广泛推广（图18）。

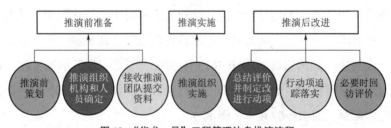

图18 "华龙一号"工程管理沙盘推演流程

7. 首创TOP10风险管理机制

为规范工程建设期间工程重大问题的管理，强化对紧急、重要问题的管控，推动工程关键问题的及时解决，项目建立了TOP10管理机制，在项目各层级、各领域应用 TOP10 方法，自上而下建立上下联动的 TOP10 管理制度，形成项目共用的项目风险清单。在趋势分析的基础上进行事前控制，重点管控可能发生的重大风险。共解决项目级 TOP10 重大问题 155 项（图 19）。

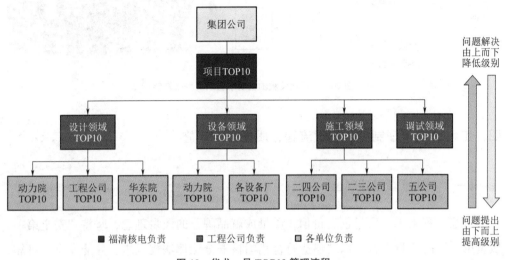

图 19　华龙一号 TOP10 管理流程

8. 建设智慧工地

以物联网、互联网、大数据、云计算、建筑信息模型等技术为依托，构建了实时、高效的智慧工地远程智能监管平台，包含施工指挥中心、视频监控系统、人员信息管理系统、移动端隐患排查 App 等，有效将现场人员信息、作业行为监控、重点区域人员管理及设备设施管理等进行整合，通过相关信息和数据的采集分析，通过数字化、智慧化的方式加强工程建设现场安全管理。

9. 建立全周期多层级激励机制

为激励各参建单位和全体建设者攻坚克难、奋勇拼搏，项目团队在总承包合同激励、分包合同激励、专项激励方面创新实践，健全三个层面、两个维度的激励机制，充分调动工作积极性（图 20）。

10. 建立质量验收标准及质量通病防治机制

面对首堆施工难度大、施工管理复杂、工期紧、任务重等风险挑战，工程监理单位中核咨询以"精细管理、规范执行、深化标准"为管理思路，不断优化质量管理模式，对施工质量管理"图册化、标准化"，发布《"华龙一号"施工验收标准化图册》，建立质量验收标准；发布《核电工程质量通病与防治手册》，对高频问题进行原因分析，提出处理措施，有效避免同类质量问题再次发生。

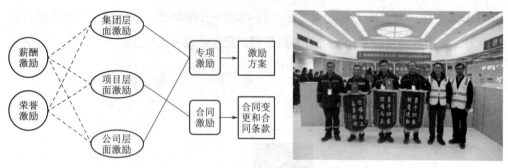

图 20　工程建设激励机制示意图及冷试表彰

四、工程质量管理制度、管理流程、质量管控措施

（一）工程质量管理制度

示范工程秉承"质量创造价值，质量成就品牌"的质量理念，坚持"安全第一、质量第一"的质量方针，以"建造符合我国核安全法律法规要求，并能安全、可靠、经济运行的商用核电厂，确保核电厂设施、核材料、环境、公众和工作人员的安全，并通过积极推动安全质量文化建设，不断提升核电厂建造及安全运行业绩"为质量目标，通过合同对工程总承包单位、监理公司等各供方提出质量管理要求，全面落实"业主负责下的工程总承包"模式管理要求，从承包商到业主建立了上下联动契合的质量控制和质量保证体系，同时压实各单位的主体责任，确保体系的完整性及各项制度有效落实。

（二）工程质量管理流程

福清核电作为"华龙一号"示范工程运营单位，对项目质量全面负责。

（1）积极践行中核集团"六大控制七个零"高质量精细化工程管理模式，构建"建设方－总包方－承包方"联动的"四级质控、三级质保"的质量控制和质保监督体系，对工程建设进行了事前、事中、事后的全过程质量控制。全过程引入独立核监理，高标准执行核电厂建设工程监理规范，保证工程的质量保证体系运转有效，质量整体受控。

（2）建立全员安全生产责任制，实施安全网格化管理，强化现场安全管控，有效识别安全风险，及时纠正预防偏差，严守核安全底线红线。

（3）持续改进项目质量保证体系，组织开展管理部门审查及自我评定、监督监查等活动,以评价项目质量保证大纲的适用性及实施的有效性,并不定期接受外部质量监督评估;鼓励项目的质量提升,在资源、机制、激励方面给予充分保障。

(4)定期组织开展项目的质量安全文化授课、核安全文化推进会、质量安全警示教育活动等,将质量意识植入人心。

(5)高层领导定期深入项目现场开展例行质量检查和指导,对项目偏离技术规范等问题和质量安全隐患进行否决,通过早会、计划会、管理晚会等强力推进机组质量缺陷消缺。

(6)广泛开展"质量月",推进项目QC小组和质量信得过班组的应用,解决项目实际质量痛点与难点,并结合安全生产月、合理化建议、质量安全征文、经验反馈以及每日一条安全信息学习等活动,动员全员建言献策。

(7)组织搭建"质量安全直通车"信息化平台,宣传普及质量安全知识;开展项目的设备可靠性管理、项目工程防造假等活动,确保项目高质量建成。

(8)为进一步优化完善管理体系和提升综合管理水平,推进"华龙一号"示范工程高质量建设,2017年,福清核电导入卓越绩效模式,开展了调研策划、宣贯培训、管理诊断与改进等工作,逐步提升管理水平。2021年,福清核电获得第十九届"全国质量奖"(图21)。

图21 全国质量奖状

(三)工程质量管控措施

项目建立涵盖工程全周期的质量保证管理体系,通过管理部门审查、质保监督检查、不符合项管理、指标管理、QC小组活动等措施持续改进,形成一系列工程建设质量管理机制,积累了大量的项目管理经验,保证了示范工程的高质量建设。工程未发生一般及以上质量事故和质量事件。

1. 强化过程质量控制要求

（1）加强事前质量控制管理：提前分析对工程质量造成影响的因素，编制质量预防控制措施，对工序进行有效质量控制。

（2）强化过程质量控制手段：建立制造单位/施工单位、监理单位、总包单位、业主单位的四级质量控制，采取巡视检查、控制点放行、见证、隐蔽验收、旁站监督等手段，保证示范工程过程质量受控。

（3）加强重点区域施工质量管理：提前策划识别各区域施工重点，列出各阶段施工质量风险，建立各区域的质量风险控制清单，通过重点区域专项检查，保障施工质量。

（4）质量监督严管日常化：赋予质量部门人员一票否决权，强化"严管、严处"的管理机制，严格落实"四不放过"原则，对违反国家核安全局两个"零容忍"的，触犯质量红线、底线的，一棒出局，列入公司"黑名单"。

（5）质量问题处理规范化：编制《质量检查标准化手册》《质量标准化检查单》《质量验收卡片》等标准化文件，实现质量检查验收流程的固化；对班组下发质量验收卡片，保证作业人员掌握质量标准及验收流程，提升了全员质量意识。

2. 优化质量管理手段

（1）优化KPI指标管理：根据机组特性设置了13项质量指标，分为一级和二级制定评分标准。每月进行质量趋势分析及评价活动，制订和落实纠正措施，确保工程质量受控。

（2）优化质保，保证监督/监查：开发电子平台对监督/监查计划、通知、报告等过程进行跟踪管控，持续开展内外部监督监查工作，累计开启CAR近800项，OBN共700余项。

（3）持续开展QC小组活动管理：组织开展QC小组活动，促进降本增效，多次成果获国际级、国家级及省部级奖项。

3. 加强设备制造质量管理

应用设备监造、"厂家巡检"与"飞行检查"等多种方式，实施质量监督；对不符合项进行深入原因分析，优化不符合项管理；将防异物管理系统化，签入合同条款中；针对设备"违规造假"问题，编制防止弄虚作假管理手册。多措并举，确保了设备质量目标的实现。

4. 建立全面经验反馈机制

工程全面提前落实福清核电1～4号机组建设和运行经验反馈；全面梳理总结

5号机组设计、采购、建安调试和运行阶段的经验反馈共计1239项;与海外首台巴基斯坦"华龙一号"项目建立经验反馈沟通机制,在6号机组全面应用和推广,提高工程设计质量、优化施工方案、缩短设备采购周期、降低工程造价、提升调试试验一次成功率。

5. BIM技术推广应用

运用BIM技术制作模型漫游展示,实现施工方案模拟、交通导行、三维可视化视频技术交底等,直观精准指导现场施工。

五、工程绿色、节能、环保措施

(一)工程绿色措施

为贯彻国家"创新、协调、绿色、开放、共享"的新发展理念,示范工程通过科学管理和先进技术手段,最大限度地节约资源,减少对环境的负面影响,实现"四节一环保"目标。绿色工程建设管理模式获得全国国企管理创新一等成果,获评绿色安装工程、绿色施工示范工程(图22)。

图22 获得的绿色工程荣誉

1. 节能

为提高现场能源利用率,优先使用节能、高效、环保的产品;临时照明采用LED节能灯/灯带替代原有卤素类照明,节能灯具应用比例大于80%;大宗材料制作采用预制模式,减少现场制作;库房利用自然通风、阳光,减少电力资源投入等。

2. 节材

施工现场从钢材、木材、混凝土、装饰装修材料、临建设施及安全防护材料等方面进行控制,根据施工进度、材料施工时点以及库存情况合理安排材料采购等措施,建立可回收再利用物资清单,制定并实施可回收废料的回收管理办法,提高废料利用率,同时结合设计要求,采用先进施工工艺,达到节约材料的目的。

3. 节地

现场总平面布置合理、紧凑，尽可能减少废弃地和死角，提高临时设施占地有效利用率；充分利用原有建筑物、构筑物、道路、管线为施工服务；永久道路和临时道路相结合以减少土地占用；材料堆放、材料加工优先利用荒地、废地或闲置的土地；合理设置材料堆放架（分层分类堆放），减少材料堆放占地；合理安排材料进场数量及时间，使材料堆放占地最小化；工程所用混凝土集中拌合、集中供应。

4. 节水

现场供水管网根据用水量设计布置，采用合理的管径、简捷的管路，有效减少管网和用水器具的漏损；现场混凝土养护用水采取有效的节水措施，按照施工方案和技术交底浇水、养护；现场机具、设备、车辆在指定位置冲洗，污水经沉淀后循环使用；施工产生的废油、废水不随意排放，集中进行无害化处理；雨期在现场设临时排水沟收集雨水，再次利用；保护场地内及周围的地下水与自然水体，减少施工活动对其水质、水量的负面影响；施工现场按高质高用、低质低用的原则设废水回收再利用设施；混凝土采用塑料薄膜覆盖保护养护，减少养护用水。

（二）工程节能措施

（1）堆芯燃料组件改进：本工程选用高燃耗燃料组件，采用18个月换料，燃料组件平衡循环平均卸料燃耗约为45000MWd/tU，将每千克燃料铀发电量提升了36%，将电厂设计可利用率从82%提高至90%以上。减少燃料制造及运输、装卸环节的能源消耗，节省燃料贮存、运输和处理资源投入。且由于停堆次数减少，整个寿期内电站可以产出更多的电能。

（2）主厂房降低标高：根据工程厂址所在地海水水温、气候等条件，示范工程常规岛厂房布置采用半地下方案。由于核电机组循环水流量特别大，如果蒸汽机房零米层标高设定在厂址地坪标高上，将造成循环冷却水的提升高度增大，循环水泵运行费用增加，而降低标高后，扬程的降低有效减少了循环水泵的运行资源投入。

（3）用电节电措施：核电站运行期间的用电包括生产、维修用电及生活、办公区用电，其中以机械设备的用电量最大。通过在设计、选型、运行等方面对机械设备实施节能措施，收效将是显著的。示范工程设置合理的系统设备和运行方式，选用高效率的节能设备，采用合理的电工节能技术。

（4）设计节能措施：采用了非能动系统，利用自然驱动代替电动或气动；采用再生式换热器，回收废热；回收疏水，减少工质制备，设置硼回收系统，减少硼酸制备；冷却水系统采用闭式循环方式，减少了用水量损失等；联合泵房布置紧凑，采用一机两泵，减小了厂房占地和混凝土体量。

（三）工程环保措施

（1）重要环境因素监测：示范工程实施常态化的周边区域重要环境因素监测，包括污废水排放监测、海水水质及海生物监测、大气环境污染监测、水土保持监测、噪声监测与放射源监测工作，建设与运营期间未发生一起突破环境指标事件，控制工程对周边生态环境的影响，尽可能降低环境负面影响。

（2）固体废弃物控制：福清核电5、6号机组产生的固体废弃物均与有资质单位签订处置协议，包括建筑垃圾、生活垃圾及危险废物等。采取的措施有：施工中减少固体废弃物的生产；工程结束后（工序施工结束后），清除全部固体废弃物；分类堆放，并有明显标识（如有毒有害、可回收等）；加强建筑垃圾的回收利用，如碎石、土方类建筑垃圾用于地基填埋、铺路；施工垃圾按指定地点堆放，不露天存放，并及时清理。

（3）扬尘控制：现场道路进行硬化处理；土方集中堆放于场外，采取覆盖措施；施工垃圾运输采取覆盖措施或使用密闭式运输车辆，避免运输途中遗撒造成扬尘；清理建筑垃圾必须先洒水，防止扬尘；遇有四级以上大风天气，不得进行土方回填、转运以及其他有可能产生扬尘污染的施工；施工道路、现场应安排专人、专车定期洒水。

六、工程实体质量水平

安全是核工业的生命线，质量是安全的基础和保障。项目始终遵循"追求卓越、铸就经典"的国优理念，积极发挥首堆示范工程的引领作用，在行业内探索了大量先进技术和方法，有效提升了施工质量。工程质量管理实现了如下目标：

（1）设计和建造质量满足国家核安全法规和适用标准规范要求。

（2）电厂建筑物、构筑物、系统、设备、部件、仪表及整个电厂的功能和性能符合工程总承包合同规定的要求，并最终交付验收合格（图23）。

两台机组分别于2021年1月和2022年3月投入商业运行，其中，5号机组总工期68.7个月、工程单位造价1.63万元/kW，在全世界三代核电首堆工程中创造了建设工期最短、单位容量造价最低的新纪录，也是迄今为止全球唯一按期建成投产的

核岛厂房布局紧凑合理　　反应堆压力容器就位导向装置　　超大体积混凝土施工技术　　新型专用大流量油冲洗装置

保温成型美观　　仪表管布置美观　　贯穿件布置整齐规范　　管道色环色标完整

液压顶升装置吊装发电机定子　　管道焊缝成型美观　　盘柜整齐，标识清晰　　蓄电池安装规范

  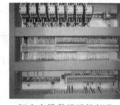 
可拆卸式保温检修方便　　桥架安装规整　　柜内电缆敷设端接规范　　智能巡检机器人

图 23　工程实体质量亮点

三代核电首堆工程，打破了三代核电首堆必拖期、首堆必超概的"怪圈"。2023 年 5 月，示范工程通过了竣工验收，充分验证了工程建设质量和"华龙一号"技术的安全性、可靠性。

自投入商运以来，两台机组一直保持安全稳定高效运行，能力因子和负荷因子优异。2024 年 2 月，5 号机组 WANO 综合指数实现满分，2024 年 10 月，6 号机组 WANO 综合指数实现满分，"华龙一号"生产运营绩效在全球范围实现卓越。

"华龙一号"示范工程重要荣誉：

（1）"华龙一号"示范工程荣获"国家优质工程金奖"。

（2）中核集团"华龙一号"创新团队荣获"国家卓越工程师团队"。

（3）"华龙一号"研发设计团队荣获第四届中国质量奖。

（4）"华龙一号"示范工程运营单位——福清核电获得第十九届"全国质量奖"。

（5）"华龙一号"核心专利——基于177堆芯的能动加非能动核蒸汽供应系统及其核电站荣获第二十二届中国专利金奖。

（6）"华龙一号"示范工程福清核电5号机组被评为"中国核能发电装机容量突破5000万kW标志性机组"。

（7）"华龙一号"蒸汽发生器荣获"国际质量创新奖"。

（8）"华龙一号"三代核电（ACP1000）反应堆及一回路系统研制项目荣获第十七届"全国质量奖卓越项目奖"。

（9）"华龙一号"示范工程福清核电6号机组ACP1000主管道项目荣获第二十届"全国质量奖卓越项目奖"。

（10）"华龙一号"反应堆研发管理荣获"管理科学奖"。

（11）数字化赋能"华龙一号"高质量运维获评"2023年全国质量标杆"。

七、工程社会经济等综合效益

本工程投入商运后年发电量近200亿kWh，相当于每年减少标准煤消耗624万t，减排二氧化碳1632万t，植树造林1.4亿多棵，助力实现"双碳"目标。工程还带动上下游产业链5400多家企业，创造15万个就业机会，全寿期带动约2000亿元产值，为国家经济发展增添新动力。

工程开工入选《中华人民共和国大事记》，首堆商运入选《中国共产党一百年大事记》，全面建成入选《党的十九大以来大事记》；2020、2021年，连续2年被评为"央企十大国之重器"，入选"2022中国新时代100大建筑"，2022年重磅亮相"奋进新时代"主题成就展；以"华龙一号"工程建设为创作题材的电视剧《许你万家灯火》在央视一套黄金档热播。研发团队参与拍摄中央电视台"五年规划""创新中国""大国创造：华龙一号"等纪录片，出版了多部科普丛书，极大地提高了核能的公众接受度。

"华龙一号"满足全面参与国内和国际核电市场的竞争要求，是当前核电市场上接受度最高的三代核电机型之一。首堆示范工程的全面建成，形成了可参考、可复制的建造模式，推动了高端装备制造业的转型升级，培养了技术精良的人才团队，实现了我国由核电大国向核电强国的跨越，对增强民族自信心、自豪感的社会意义特别重大。

作为"华龙一号"全球首堆示范工程所在地，福清核电承担着为后来者担当示范的历史使命。将"华龙一号"工程、调试、运维经验推广出去，助力海内外"华龙一号"机组建设，更是福清核电的使命和义不容辞的责任。

目前，福清核电已出版了《"华龙一号"标准化管理手册》《"华龙一号"标准化技术手册》《铸国之重器》系列丛书，形成了"华龙一号"全套可复制推广的经验。福清核电累计向新建核电项目输送"华龙一号"人才近400余名，输出人员均为具有多年"华龙一号"示范工程相关经验，涵盖安装调试、项目控制、设备采购、设计管理、安全质量、核安全、运行维修等多个专业领域，他们带着知识、技术和经验，投身核电工程项目建设现场，为"华龙一号"批量化建设和"走出去"提供坚实的人才支撑，为核电产业化发展提供良好的管理实践参考。